プリント形式のリアル過去問で本番の臨場感！

京都府 前期選抜 公立高等学校

2025年春受験用 解答集

本書は，実物をなるべくそのままに，プリント形式で年度ごとに収録しています。
問題用紙を教科別に分けて使うことができるので，本番さながらの演習ができます。

■ 収録内容

・解答集(この冊子です)

書籍ＩＤ番号，この問題集の使い方，最新年度実物データ，教科別入試データ解析，
解答例と解説，ご使用にあたってのお願い・ご注意，お問い合わせ

・2024(令和６)年度 ～ 2022(令和４)年度　学力検査問題

・リスニング問題音声《オンラインで聴く》　詳しくは次のページをご覧ください。

○は収録あり　年度	'24	'23	'22			
■ 問題(前期選抜)	○	○	○			
■ 解答用紙	○	○	○			
■ 配点	○	○	○			
■ 英語リスニング音声・原稿	○	○	○			

全教科に解説
があります

注)国語問題文非掲載:2024年度の二, 2023年度の一と二

問題文の非掲載につきまして

著作権上の都合により，本書に収録している過去入試問題の本文の一部を掲載しておりません。ご不便をおかけし，誠に申し訳ございません。

本文の一部を掲載できなかったことによる国語の演習不足を補うため，論説文および小説文の演習問題のダウンロード付録があります。弊社ウェブサイトから書籍ＩＤ番号を入力してご利用ください。

なお，問題の量，形式，難易度などの傾向が，実際の入試問題と一致しない場合があります

JN131920

教英出版

■　書籍ＩＤ番号

リスニング問題の音声は，教英出版ウェブサイトの「ご購入者様のページ」画面で，書籍ＩＤ番号を入力してご利用ください。

入試に役立つダウンロード付録や学校情報なども随時更新して掲載しています。

書籍ＩＤ番号　175084

（有効期限：2025年9月30日まで）

【入試に役立つダウンロード付録】

「ラストチェックテスト(標準／ハイレベル)」

「高校合格への道」

【リスニング問題音声】

オンラインで問題の音声を聴くことができます。

有効期限までは無料で何度でも聴くことができます。

■　この問題集の使い方

年度ごとにプリント形式で収録しています。針を外して教科ごとに分けて使用します。①片側，②中央のどちらかでとじてありますので，下図を参考に，問題用紙と解答用紙に分けて準備をしましょう（解答用紙がない場合もあります）。

針を外すときは，けがをしないように十分注意してください。また，針を外すと紛失しやすくなりますので気をつけましょう。

① 片側でとじてあるもの

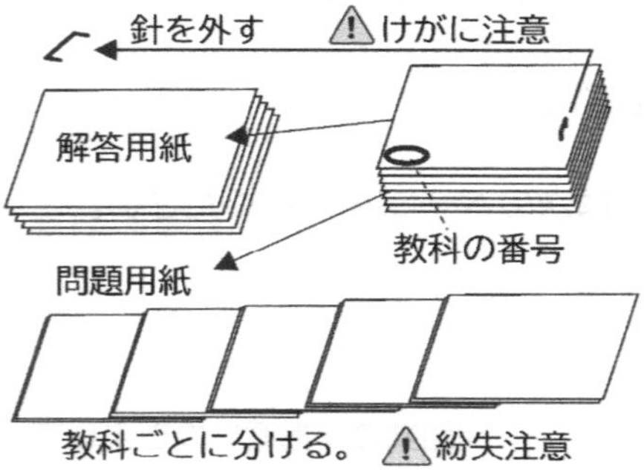

② 中央でとじてあるもの

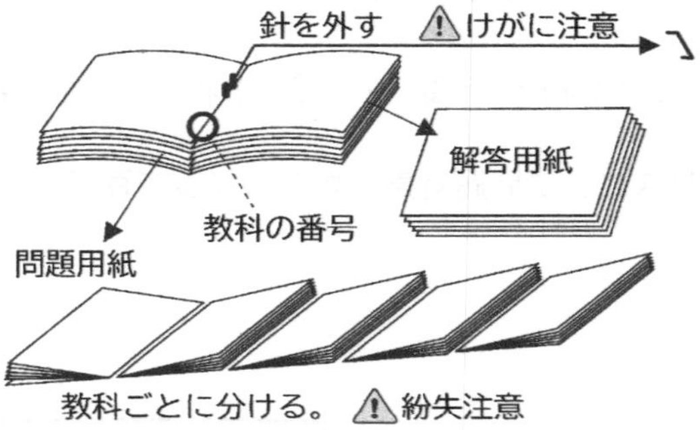

※教科数が上図と異なる場合があります。
解答用紙がない場合や，問題と一体になっている場合があります。
教科の番号は，教科ごとに分けるときの参考にしてください。

■　最新年度 実物データ

実物をなるべくそのままに編集していますが，収録の都合上，実際の試験問題とは異なる場合があります。実物のサイズ，様式は右表で確認してください。

問題用紙	Ａ４冊子(二つ折り)
解答用紙	Ｂ４片面プリント

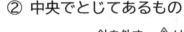

京都府前期　公立高校入試データ解析　国語

分野別データ			2024	2023	2022
大問の種類	長文	論説文・説明文・評論	○	○	○
		小説・物語			
		随筆・紀行文			
	古文・漢文		○	○	○
	詩・短歌・俳句				
	その他の文章				
	条件・課題作文				
	聞き取り				
漢字・語句	漢字の読み書き		○	○	○
	熟語・熟語の構成		○	○	
	部首・筆順・画数・書体				
	四字熟語・慣用句・ことわざ				
	類義語・対義語				
文法	品詞・用法・活用		○	○	○
	文節相互の関係・文の組み立て		○	○	○
	敬語・言葉づかい				
文章の読解	長文	語句の意味・補充	○	○	○
		接続語の用法・補充	○		○
		表現技法・表現の特徴			
		段落・文の相互関係	○	○	○
		文章内容の理解	○	○	○
		人物の心情の理解			
	古文・漢文	歴史的仮名遣い	○	○	○
		文法・語句の意味・知識			
		動作主		○	
		文章内容の理解	○	○	○
	詩・短歌・俳句				
	その他の文章				

形式データ	2024	2023	2022
漢字の読み書き	3	3	3
記号選択	23	21	21
抜き出し	2	2	1
記述	5	5	5
作文・短文			
その他			

2025 年度入試に向けて

例年，古文と説明的文章が２題の，大問３題構成である。古文の設問は，歴史的仮名遣いから全体の内容に関するものまで幅広い。省略された主語を補うなどしながら，丁寧に内容を追っていこう。説明的文章の設問では，例年，本文の内容についての会話文をもとにした読解の問題が出ている。各段落の内容と、段落構成をふまえたうえで，文章全体における筆者の主張をつかもう。また，品詞や活用、文節等の文法も毎年幅広く問われている。基本事項をしっかり復習し，得点源にしよう。

京都府前期 公立高校入試データ解析 数学

	分類	2024	2023	2022	問題構成	2024	2023	2022
式と計算	数と計算	○	○	○	小問	[1](1)～(3)，(5)，(7) 計算問題 (6)平方根の文章問題	[1](1)～(4)，(6)，(7) 計算問題	[1](1)～(4)，(6)，(7) 計算問題
	文字式	○	○	○				
	平方根	○	○	○				
	因数分解			○				
	1次方程式				大問	[6]アルトリコーダーを規則的に吹いたときにホールを閉じる回数	[6]入力した数によって規則的に増えていく，4種類の矢印の個数	[6]文字式の文章問題（等式が成り立つx，yの組の総数）
	連立方程式		○	○				
	2次方程式	○	○	○				
統計	データの活用	○	○	○	小問	[1](9)累積相対度数		[1](9)度数分布表
					大問		[2]平均値，四分位範囲	
	確率	○	○	○	小問		[1](9)4本のくじ	
					大問	[2]4枚の硬貨		[2]5個の色玉
関数	比例・反比例	○	○		小問	[1](4)変化の割合（反比例）	[1](5)変化の割合（2乗に比例する関数）	[1](5)yの増加量（1次関数）
	1次関数	○	○	○				
	2乗に比例する関数	○	○	○				
	いろいろな関数							
	グラフの作成				大問	[3]座標平面 放物線，直線，三角形	[4]座標平面 双曲線，直線，三角形，四角形	[3]座標平面 放物線，直線，三角形
	座標平面上の図形	○	○	○				
	動点，重なる図形							
図形	平面図形の性質	○	○	○	小問	[1](8)半球の表面積	[1](8)正多角形と角度	[1](8)円すいの表面積
	空間図形の性質	○	○	○				
	回転体							
	立体の切断							
	円周角							
	相似と比	○	○	○	大問	[4]平面図形 直角三角形 [5]空間図形 四角柱の水そう	[3]空間図形 正八面体，三角すい [5]平面図形 長方形の折り返し，三角形	[4]平面図形 正三角形 [5]空間図形 直方体，四角すい
	三平方の定理	○	○	○				
	作図							
	証明	○	○	○				

2025年度入試に向けて

例年，データの活用か確率，関数，平面図形，空間図形で大問が1題ずつ出され，大問6は規則性の問題である。大問1は基本問題，大問6は難易度が高めなので，標準レベルである大問2～5で得点を重ねたい。大問2～5の中にも難易度が高い問題が含まれているので，時間配分に気をつけよう。

京都府前期 公立高校入試データ解析 英語

	分野別データ	2024	2023	2022
音声	発音・読み方			
音声	リスニング	○	○	○
文法	適語補充・選択	○	○	○
文法	語形変化	○	○	○
文法	その他			
英作文	語句の並べかえ	○	○	○
英作文	補充作文	○	○	○
英作文	自由作文			
英作文	条件作文			
読解	語句や文の補充	○	○	○
読解	代名詞などの指示内容	○	○	○
読解	英文の並べかえ			
読解	日本語での記述			
読解	英問英答	○	○	○
読解	絵・表・図を選択	○	○	○
読解	内容真偽	○	○	○
読解	内容の要約	○	○	○
読解	その他			

	形式データ		2024	2023	2022
リスニング	記号選択		6	6	6
リスニング	英語記述				
リスニング	日本語記述				
文法・英作文・読解	読解	会話文	1	1	1
文法・英作文・読解	読解	長文	1	1	1
文法・英作文・読解	読解	絵・図・表	1	1	1
文法・英作文・読解	記号選択		10	11	11
文法・英作文・読解	語句記述		5	3	3
文法・英作文・読解	日本語記述				
文法・英作文・読解	英文記述		6	7	7

2025 年度入試に向けて

前期選抜の筆記試験は英作文，会話文，長文が出題されるが，時間が短いので，英文をすばやく正確に読むことが求められる。また，絵や図表を見ながら英文を読まないと解けない問題が毎年出題される。過去問などを使って類似問題に取り組んでおこう。また，リスニングは配点が高く，筆記よりも難易度が低いものが多いので，１問でも多く正解できるように練習しておこう。

2024 解答例
令和6年度

京都府公立高等学校【前期】

《2024　前期　国語　解答例》

一　(1)ア　(2)Ⅰ．イ　Ⅱ．ク，コ　(3)エ　(4)c．ともな　e．こうけん　(5)Ⅰ．ア　Ⅱ．ク　(6)イ，オ
(7)㊀科学の適用される領域　㊁他と比較したり、客観化したりできないある絶対的なものを見のがしてきた
㊂科学の～ろ長所

二　(1)エ　(2)ウ　(3)Ⅰ．エ　Ⅱ．キ　(4)Ⅰ．ア　Ⅱ．キ　(5)底　(6)ア　(7)㊀ウ　㊁相似と相異ということを認識　㊂イ

三　(1)いうは／イ　(2)エ　(3)ウ　(4)㊀ア　㊁B．誠と詞　C．たとえ　㊂ア

《2024　前期　数学　解答例》

1　(1)－９　(2)$\frac{3x-5}{2}$　(3)$5x^2$　(4)－２　(5)$\frac{a-8b}{6}$　(6)11　(7)$\frac{9\pm\sqrt{57}}{2}$　(8)48π
(9)X．０　Y．７　Z．0.88

2　(1)$\frac{3}{16}$　(2)$\frac{5}{8}$

3　(1)$\frac{1}{4}$　(2)$\frac{1}{2}x+12$　(3)$(3,\ \frac{3}{2})$

4　(1)△ＡＢＤと△ＣＥＤで，
仮定より，∠ＡＤＢ＝∠ＣＤＥ＝90°…①　ＡＢ＝ＣＥ…②
また，∠ＡＤＣ＝90°，∠ＡＣＢ＝45°だから，∠ＤＡＣ＝180°－(∠ＡＤＣ＋∠ＡＣＢ)＝45°
∠ＤＡＣ＝∠ＤＣＡより，△ＤＣＡは二等辺三角形であるから，ＡＤ＝ＣＤ…③
①，②，③から，直角三角形の斜辺と他の１辺がそれぞれ等しいので，△ＡＢＤ≡△ＣＥＤ
(2)ＢＤ＝３　ＥＧ＝$\frac{3}{4}$

5　(1)$4\sqrt{3}$　(2)$156\sqrt{3}$　(3)$5\sqrt{3}$

6　(1)オ／16　(2)トーンホールＡ…91　トーンホールＤ…23　(3)35

《2024　前期　英語　解答例》

1　(1)Which do you like　(2)(a)clean my room　(b)it will be rainy

2　(1)as　(2)イ　(3)ア　(4)ウ

3　(1)①sung　⑥slept　(2)イ→カ→ア→エ→ウ→オ　(3)D　(4)Ⅰ群…ア　Ⅱ群…キ　(5)ウ　(6)イ
(7)Tuesday　(8)(a)Yes, there were.　(b)She read it at home.　(9)ウ，エ
(10)(a)better　(b)important to think about the reasons

4　(1)エ　(2)イ

5　(1)ウ　(2)イ

6　(1)ア　(2)エ

《2024　前期　国語　解説》

一　(1)「しばしば」は副詞で、自立語で活用がなく、主に連用修飾語となる。ここは、この文の述語である下一段活用の動詞「受ける」を連用修飾している。したがって、「しばしば／受ける」の二つの「文節どうしの関係」は、「修飾・被修飾の関係」である。よって、アが適する。

(2) Ⅰ　「見る」は、打ち消しの助動詞「ない」をつけて未然形に活用させると、「見ない」となり、「イ段音＋ない」なので、上一段活用の動詞。よって、イが適する。　Ⅱ　カの「座る」は、「座らない」となり、「ア段音＋ない」なので、五段活用の動詞。キの「詰める」とサの「結わえる」は、「詰めない」「結わえない」となり、「エ段音＋ない」なので、下一段活用の動詞。クの「借りる」とコの「報いる」は、「借りない」「報いない」となり、「イ段音＋ない」なので、上一段活用の動詞。ケの「徹する」は、「する」と複合している動詞なので、サ行変格活用である。よって、クとコが適する。

(3)　第２段落の７～11 行目に、科学の本質的な部分について触れ、「しかしいずれにしても、とにかく事実という以上は一人の人の個人的体験であるに止《とど》まらず、同時に他の人々の感覚によっても捕《とら》え得るという意味における客観性を持たねばならぬ。したがって自分だけにしか見えない夢や幻覚などは、一応『事実』でないとして除外されるであろう」と述べた後、「心理学などにとっては、夢や幻覚でも研究対象となり得るが、その場合にもやはり、体験内容が言葉その他の方法で表現ないし記録されることによって、□ことが必要であろう。この辺までくると、科学と文学との境目は、もはやはっきりとはきめられない」と続くことから、上に引用した下線部と同じような内容が入ると考えられる。また、□に入る内容について、次の段落で、「それが科学の対象として価値を持ち得るためには、体験の中から引出《ひきだ》され客観化された多くの事実を相互に比較することによって、共通性ないし差違が見出《みいだ》され、法則の定立にまで発展する可能性がなければならぬ」と述べている。よって、エが適する。

(5) Ⅰ　「貴重」は、「貴い」と「重んじる」という意味なので、「上の漢字と下の漢字が似た意味を持っている」構成の熟語。よって、アが適する。　Ⅱ　カ．「辛《から》うじて勝つこと」を意味するので、「上の漢字が下の漢字を修飾している」構成の熟語。　キ．「群《ぐん》を抜《ぬ》いている」という意味なので、「下の漢字が上の漢字の目的や対象を表している」構成の熟語。　ク．「ふるさと」と「むらざと」という意味なので、「上の漢字と下の漢字が似た意味を持っている」構成の熟語。　ケ．「出たり没し(＝姿を隠し)たりすること」という意味なので、「上の漢字と下の漢字の意味が対になっている」構成の熟語。　よって、クが適する。

(6)　ア．第１段落の４行目までは、そう考えられる可能性に肯定的だが、その後、「現在の科学者にとってまだ多くの未知の領域が残っていることなどを考慮すると、素朴な科学万能論を信ずることはできない」「大多数の人は、恐《おそ》らく何等《なんら》かの意味において漠然とした科学の限界を予想しているに違いない」と否定的に述べている。よって、一致しない。　イ．第１段落の５～６行目に「人間のさまざまな活動の中のある部分が、ある方向に発展していった結果として、今日科学といわれるものができ上がった」と述べられている。よって、一致する。　ウ．第２段落を参照。「大多数の人は、恐らく何等かの意味において漠然とした科学の限界を予想している」ことは、「科学に対する明確な定義づけが難しい」ことの理由ではなく、「まず科学に対するはっきりした定義を与えることが必要になってくる」ことの理由である。よって、一致しない。　エ．第３段落を参照。「科学的知識がますます豊富となり、正確となってゆく代償として、私どもにとって別の意味で極めて貴重なものが、随分たくさん科学の網目からもれてゆくのを如何《いかん》ともできない」と述べており、「事実を抽象化していく過程で抜け落ちてしまうものが、科学的知識を豊富にさせ、科学の正確さを生み出した」とは述べていない。よって、一致しない。　オ．最後の段落に「哲学や宗教の根がここにある以上～科学が完全にそれらに取って代《かわ》ることは不可能であろう」「それは哲学や宗教にも著しい影響を及ぼすでもあろう」とあることから、一致する。　よって、イとオが適する。

⑺㊀　最後の段落の4～6行目の「科学の適用される領域はいくらでも広がってゆくであろう。このいわば遠心的な方面には恐らく限界を見出し得ないかも知れない」が、修一さんの最初の発言と一致する。　㊁「 B こことを反省することで、人類の進歩に科学はますます寄与することができる」は、最後の3行の内容と一致する。最後から3行目の「この点を反省することによって」の「この点」が指しているのは、「科学が自己発展を続けてゆくためには～多くの大切なものを見のがすほかなかった」という点で、「大切なもの」とは、最後の段落の1～2行目の「他と比較したり、客観化したりすることのできないある絶対的なもの」である。　㊂　最後の3～5行目の「科学の宿命をその限界と呼ぶべきであるならば、それは科学の弱点であるよりもむしろ長所でもあるかも知れない」が、最後の修一さんの発言と一致する。

二　著作権上の都合により文章を掲載しておりませんので、解説も掲載しておりません。ご不便をおかけし、誠に申し訳ございません。

三　⑴　古文で言葉の先頭にない「はひふへほ」は、「わいうえお」に直す。ただし、助詞の「は」「へ」「を」などは現代仮名遣いも同じ書き表し方である。　ア．古文の「わゐうゑを」は、「わいうえお」に直すので、「おかしけれ」となる。　イ．「へ」は助詞なので、現代仮名遣いも同じ書き表し方である。　ウ．古文で言葉の先頭にない「はひふへほ」は、「わいうえお」に直すので、「ものぐるおしや」となる。　エ．古文で言葉の先頭にない「はひふへほ」は、「わいうえお」に直すので、「のたまい明かす」となる。　よって、イが適する。

⑵　最後の「べけれ」は、推量の助動詞「べし」の、可能または可能性を推定する意を表す用法。「することができる」「することができよう」などと訳す。よって、エが適する。

⑶　「(漢《かん》の高祖《こうそ》の)太子をうごかすべきわたくしの御心《みこころ》」および、それに関連した「人々諫《いさ》むれどもうけがひ給《たま》はず」を指す。よって、ウが適する。

⑷㊀　周勃《しゅうぼつ》が言った言葉の「そのみことのり(＝勅)をばうけじ」の部分である。よって、アが適する。

㊁　最後の2文と、【古文の内容】を参照。「まこともつらぬきて、詞の色もそなはりなば」、その状態が最も好ましいから、「一やうに実だにあらば、花はなくてもありなん」とは言わない。　㊂　周勃が高祖の勅(＝命令)を受け入れない態度は、高祖の怒りを買って処罰される恐れがある。しかし、周勃は正しいと思うことをやった。これは実(＝誠のたとえ)に対応している。よって、アが適する。

【古文の内容】

> やまと歌は、人の心から出て天地や鬼神までも感動させるというのは、和歌の道に限ることではない。ただ一つの誠をもってこそ、大空をも動かすことができるだろう。漢の初代皇帝の、世継ぎを替えようとする自分勝手な御心《みこころ》を、さまざまな(正)論を持ち出し議論を尽《つく》して、人々は諫《いさ》めたが承知なさらなかった。しかし周勃という人が、「口では言うことができなくても、よくない事とわかるので、その勅《みことのり》(＝皇帝の命令)を受けない」と言った一言で、それほどの御心の迷いも晴れなさったということだ。だからたとえ詞《ことば》の花を咲かせても、誠が貫かれていなければ、役に立たないという事である。誠も貫いて、詞の色も備わっていれば、いっそう人の心も動かし、和《やわ》らげるであろうから、一様に実(＝誠)さえあれば、花(＝詞)はなくてもいいだろうとは言えないだろう。

《2024　前期　数学　解説》

1　(1)　与式＝$-27+16\times\frac{9}{8}=-27+18=\mathbf{-9}$

(2)　与式＝$\frac{2(2x-6)-(x-7)}{2}=\frac{4x-12-x+7}{2}=\mathbf{\frac{3x-5}{2}}$

(3)　与式＝$\frac{2x^3y^3}{5}\times(-\frac{1}{2y})\times(-\frac{25}{xy^2})=\mathbf{5x^2}$

(4)　**【解き方】変化の割合は，$\frac{(y\text{の増加量})}{(x\text{の増加量})}$で求める。**

$y=\frac{16}{x}$において，$x=2$のとき$y=\frac{16}{2}=8$，$x=4$のとき$y=\frac{16}{4}=4$となる。

よって，求める変化の割合は，$\frac{4-8}{4-2}=\mathbf{-2}$

(5)　与式より，$a-8b=6c$　　$6c=a-8b$　　$c=\mathbf{\frac{a-8b}{6}}$

(6)　$11^2=121$，$12^2=144$ だから，$\sqrt{121}<\sqrt{125}<\sqrt{144}$より $11<\sqrt{125}<12$　　よって，$\sqrt{125}$の整数部分は**11**である。

(7)　与式より，$x^2-9x+6=0$

2次方程式の解の公式より，$x=\frac{-(-9)\pm\sqrt{(-9)^2-4\times1\times6}}{2\times1}=\mathbf{\frac{9\pm\sqrt{57}}{2}}$

(8)　曲面の面積は，$4\pi\times4^2\times\frac{1}{2}=32\pi$ (cm²)，平面の面積は，$4^2\pi=16\pi$ (cm²)

よって，表面積は，$32\pi+16\pi=\mathbf{48\pi}$ **(cm²)**

(9)　13回以上16回未満の階級の累積相対度数は，10回以上13回未満の階級のときから増えていないから，$X=\mathbf{0}$

$Y=25-1-0-2-4-3-5-2-1=\mathbf{7}$

28回以上31回未満の階級の累積度数は，$1+0+2+4+3+5+7=22$ だから，$Z=\frac{22}{25}=\mathbf{0.88}$

2　(1)　**【解き方】2枚の100円硬貨を100A，100B，2枚の50円硬貨を50A，50Bとして区別して考える。**

4枚の硬貨の表裏の出方は全部で，$2\times2\times2\times2=16$(通り)ある。

そのうち条件に合う出方は，(100A，100B，50A，50B)＝(表，表，表，表)(表，表，表，裏)(表，表，裏，表)の3通りだから，求める確率は，$\mathbf{\frac{3}{16}}$

(2)　**【解き方】(1)の出方は，表が出た硬貨の合計金額が250円以上になる出方である。したがって，表が出た硬貨の合計金額が100円未満になる出方を調べる。**

(1)をふまえると，表が出た硬貨の合計金額が100円未満になる出方は，

(100A，100B，50A，50B)＝(裏，裏，裏，裏)(裏，裏，表，裏)(裏，裏，裏，表)の3通りある。

したがって，表が出た硬貨の合計金額が100円未満または250円以上になる出方は，$3+3=6$(通り)あるから，100円以上250円未満になる出方は，$16-6=10$(通り)ある。よって，求める確率は，$\frac{10}{16}=\mathbf{\frac{5}{8}}$

3　(1)　直線OAの式は$y=-\frac{3}{2}x$である。Aはこの直線上の点だから，$y=-\frac{3}{2}x$に$x=-6$を代入すると，$y=-\frac{3}{2}\times(-6)=9$となるので，A$(-6,\ 9)$である。

$y=ax^2$のグラフはAを通るから，$y=ax^2$に$x=-6$，$y=9$を代入すると，$9=a\times(-6)^2$より，$a=\mathbf{\frac{1}{4}}$

(2)　**【解き方】直線ABの式を$y=mx+n$として，AとBの座標をそれぞれ代入することで，連立方程式を立てる。**

Bは$y=\frac{1}{4}x^2$のグラフ上の点だから，$y=\frac{1}{4}x^2$に$x=8$を代入すると，$y=\frac{1}{4}\times8^2=16$より，B$(8,\ 16)$

$y=mx+n$にA，Bの座標をそれぞれ代入すると，$9=-6m+n$，$16=8m+n$が成り立つ。

これらを連立方程式として解くと，$m=\frac{1}{2}$，$n=12$となるから，直線ABの式は，$\mathbf{y=\frac{1}{2}x+12}$

⑶　**【解き方】△ＡＯＢと△ＡＣＢでは辺ＡＢが共通だから，面積が等しいとき，ＡＢを底辺としたときの高さが等しい。したがって，面積が等しいとき，ＡＢ//ＯＣとなる。**

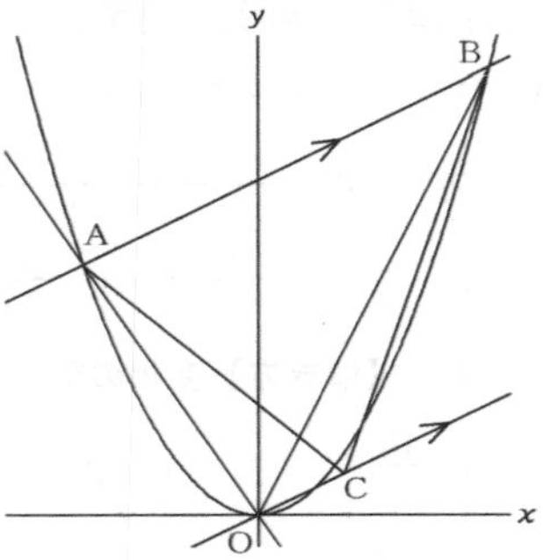

平行な直線は傾きが等しいから，直線ＯＣの傾きは直線ＡＢの傾きと等しく$\frac{1}{2}$である。したがって，直線ＯＣの式は$y=\frac{1}{2}x$である。

直線ＡＣの式は，$y=-\frac{5}{6}x+b$とおける。この式にＡの座標を代入すると，

$9=-\frac{5}{6}\times(-6)+b$より$b=4$となるから，直線ＡＣの式は，$y=-\frac{5}{6}x+4$

Ｃは直線$y=\frac{1}{2}x$と直線$y=-\frac{5}{6}x+4$の交点だから，２つの式を連立方程式として解くと，$x=3$，$y=\frac{3}{2}$となる。よって，**Ｃ(3，$\frac{3}{2}$)**である。

４　⑴　まず，問題文の仮定を図にかきこんで，証明のために必要な条件を探そう。条件が足りない場合は，問題の内容に応じて，図形の性質，平行線の同位角・錯角，円周角の定理などからわかることもかきこんでみよう。

⑵　**【解き方】⑴より，右のように作図できる。ＢＤ＋ＤＡ＝ＢＤ＋ＤＣ＝７(㎝)だから，ＢＤ＝x㎝とすると，ＤＡ＝(７－x)㎝と表せる。**

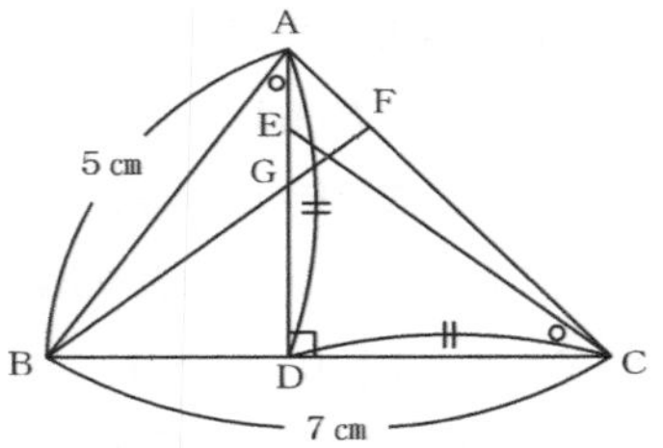

三平方の定理より，$BD^2+DA^2=AB^2$だから，

$x^2+(7-x)^2=5^2$　　これを解くと，$x=3$，4となる。

ＢＤ＜ＣＤより，$x<\frac{7}{2}$だから，$x=3$　　よって，ＢＤ＝**３㎝**

△ＡＢＦは二等辺三角形だから，∠ＢＦＡ＝∠ＢＡＦ＝45°＋○

三角形の１つの外角は，これととなり合わない２つの内角の和に等しいから，

△ＦＢＣにおいて，∠ＦＢＣ＝∠ＢＦＡ－∠ＢＣＦ＝(45°＋○)－45°＝○

したがって，∠ＢＡＤ＝∠ＧＢＤだから，△ＡＢＤ∽△ＢＧＤとなり，ＢＤ：ＧＤ＝ＡＤ：ＢＤ

３：ＧＤ＝４：３　　ＧＤ＝$\frac{3\times3}{4}=\frac{9}{4}$(㎝)　　ＥＤ＝ＢＤ＝３㎝だから，ＥＧ＝$3-\frac{9}{4}=$**$\frac{3}{4}$**(㎝)

５　⑴　**【解き方】面ＡＢＣＤに右のように作図し，ＡＩの長さを求める。**

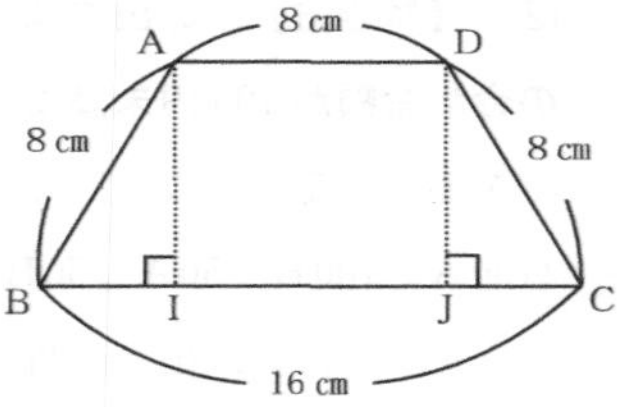

四角形ＡＩＪＤは長方形だから，ＩＪ＝ＡＤ＝８㎝

△ＡＢＩと△ＤＣＪにおいて，∠ＡＩＢ＝∠ＤＪＣ＝90°，ＡＢ＝ＤＣ，

ＡＩ＝ＤＪだから，△ＡＢＩ≡△ＤＣＪとなるため，

ＢＩ＝ＣＪ＝$(16-8)\times\frac{1}{2}=4$(㎝)

ＢＩ：ＡＢ＝４：８＝１：２だから，△ＡＢＩは３辺の比が$1:2:\sqrt{3}$の

直角三角形なので，ＡＩ＝$\sqrt{3}$ＢＩ＝$4\sqrt{3}$(㎝)　　よって，求める高さは**$4\sqrt{3}$**㎝である。

⑵　**【解き方】右図はⅡ図を正面から見た図であり，水の体積は，台形ＫＢＣＮを底面とする高さがＡＥ＝４㎝の四角柱の体積として求めることができる。**

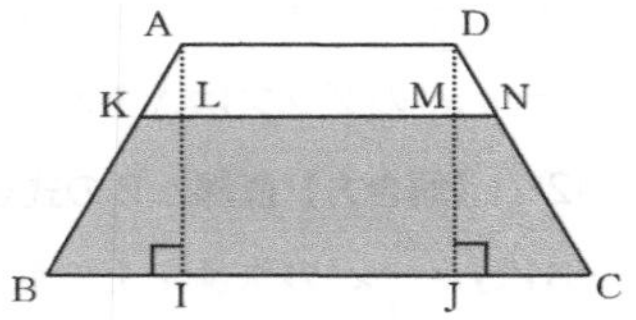

ＬＩ＝$3\sqrt{3}$㎝だから，ＡＬ＝$4\sqrt{3}-3\sqrt{3}=\sqrt{3}$(㎝)

△ＡＫＬ∽△ＡＢＩだから，△ＡＫＬも３辺の比が$1:2:\sqrt{3}$の

直角三角形なので，ＫＬ＝$\frac{1}{\sqrt{3}}$ＡＬ＝１(㎝)　　同様に，ＮＭ＝１㎝

ＫＮ＝ＫＬ＋ＬＭ＋ＮＭ＝１＋８＋１＝10(㎝)だから，台形ＫＢＣＮの面積は，$\frac{1}{2}\times(10+16)\times3\sqrt{3}=39\sqrt{3}$(㎠)

よって，水の体積は，$39\sqrt{3}\times4=$**$156\sqrt{3}$**(㎤)

(3)　**【解き方】ＢＣの中点をＰ，水面と面ＡＢＣＤの辺との２つの交点をＱ，Ｒとすると，面ＡＢＣＤは右図のようになる(この時点では，水面がＰＡより上になるか下になるかは不明である)。水が入っていない部分の体積はⅡ図のときから変わっていないことに注目する。**

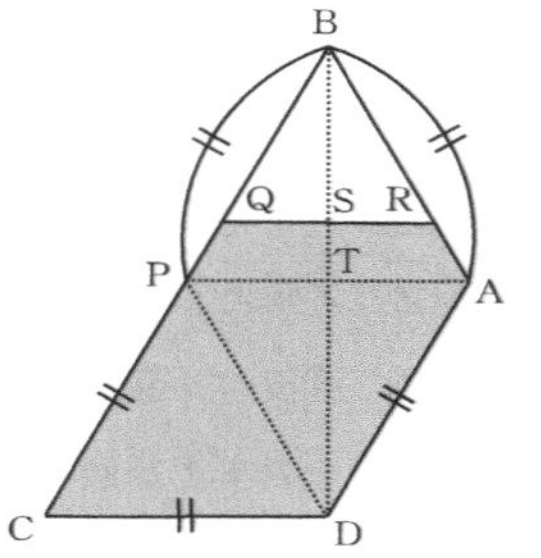

水が入っていない部分の体積は変わっていないから，右図で色がついていない部分の面積は，(2)の図で色がついていない部分の面積と等しく，

$\frac{1}{2}\times(8+10)\times\sqrt{3}=9\sqrt{3}$ (cm²)

∠ＰＢＡ＝60°だから，△ＢＰＡは正三角形である。同様に△ＰＣＤも正三角形になるから，△ＡＰＤも正三角形である。ＢＤとＱＲ，ＰＡ，ＣＤはそれぞれ垂直に交わるから，求める高さはＳＤの長さと等しい。水面がＰＡより上にあるとすると，△ＢＰＡ∽△ＢＱＲとなるから，△ＢＱＲも正三角形になる。

ＢＴとＤＴの長さは(2)のＡＩの長さと等しく $4\sqrt{3}$ cmだから，△ＢＰＡ＝$\frac{1}{2}\times8\times4\sqrt{3}=16\sqrt{3}$ (cm²)

△ＢＰＡ：△ＢＱＲ＝$16\sqrt{3}$：$9\sqrt{3}$＝16：9であり，水面がＰＡより上にあると確認できる。相似な図形の面積比は相似比の２乗に等しいから，△ＢＰＡと△ＢＱＲの相似比は，$\sqrt{16}$：$\sqrt{9}$＝4：3なので，ＢＰ：ＢＱ＝4：3

△ＢＰＴ∽△ＢＱＳだから，ＢＴ：ＢＳ＝ＢＰ：ＢＱ　　$4\sqrt{3}$：ＢＳ＝4：3　　ＢＳ＝$3\sqrt{3}$ (cm)

よって，ＴＳ＝$4\sqrt{3}-3\sqrt{3}=\sqrt{3}$ (cm)だから，求める高さは，ＤＴ＋ＴＳ＝$4\sqrt{3}+\sqrt{3}=$ **$5\sqrt{3}$** (cm)

6　(1)　**【解き方】ド，レ，ミ，ファ，ソの５音を１周期とする。トーンホールＣは１周期ごとに４回閉じる。**

20音目は20÷5＝4(周期目)の最後の音だから，「**(オ)**ソ」である。また，トーンホールＣは4×4＝**16**(回)閉じる。

(2)　**【解き方】(1)と同様に考える。１周期ごとに，トーンホールＡは４回，トーンホールＤは１回閉じる。**

113音目は，113÷5＝22余り3より，22周期目が終わってから3音後の音である。

最後の3音でトーンホールＡが閉じる回数は，3音目までに閉じる回数と等しく，3回である。

したがって，113音目までにトーンホールＡを閉じた回数は，4×22＋3＝**91**(回)

同様に数えると，113音目までにトーンホールＤを閉じた回数は，1×22＋1＝**23**(回)

(3)　**【解き方】(2)の113音目は，(5×22＋3)音目と表せる。これと同様に，($5n^2+5n-7$)を5×(ｎの文字式)＋(4以下の整数)の形で表す。**

$5n^2+5n-7=5n^2+5n-10+3=5(n^2+n-2)+3$ だから，($5n^2+5n-7$)音目は，(n^2+n-2)周期目が終わってから3音後の音である。

トーンホールＡは，1周期ごとに4回閉じ，最後の3音で3回閉じるから，($5n^2+5n-7$)音目までに，$\{4(n^2+n-2)+3\}$回閉じる。トーンホールＢは，1周期ごとに3回閉じ，最後の3音で3回閉じるから，($5n^2+5n-7$)音目までに，$\{3(n^2+n-2)+3\}$回閉じる。

したがって，$\{4(n^2+n-2)+3\}-\{3(n^2+n-2)+3\}=1258$ が成り立つので，$n^2+n-2=1258$

$n^2+n-1260=0$　　$(n+36)(n-35)=0$　　$n=-36,\ 35$　　$n>0$ より，$n=$ **35**

《2024　前期　英語　解説》

1　指定された語数を守ること。(1)　③で相手がI like blue.と答えたから，「あなたは青と黄色では，どちらの色が好きですか？」＝Which do you like, blue or yellow?という疑問文にする。Which do you like better「どちらの色の方が好きですか？」としてもよい。

(2)(a)　Are you free tomorrow?「明日は空いてる？」への返事を書く。絵より，「午前中，部屋を掃除しなければならない」＝I have to clean my room in the morning が適当。　(b)　文意「明日は□と思うから，傘が必要だよ」と絵より，明日の天気が雨になることを表す文が適当。it を主語にして it will be rainy または，it will rain が適当。

2　【本文の要約】参照。

(1)①　・as ～「～として」　④　・such as ～「～のような」

(2)　「常に手助けをしたいと思う」人の割合を表す数字が入る。グラフ１より，8.3%だから，イが適当。

(3)　直後のリリーの発言より，グラフ２の約 28%の人が選んだ理由「手助けをしたくても対応方法がわからないから」を表すアが適当。

(4)　ア「リリーは，×サクラ美術館はサクラ駅から遠いと思っている」　イ「真紀は×サクラ美術館で中国語を話す女性に会った」　ウ〇「リリーは日本での初日に道で男性が話しかけてくれたので安心した」　エ×「真紀は外国人が日本人に話しかけるとき，彼らに簡単な言葉を使って欲しいと思っている」…本文にない内容。

【本文の要約】

真紀　：昨日のサクラ美術館は楽しかった？

リリー：うん。あなたと行けてよかったよ。その美術館はサクラ駅の近くだったから，行きやすかったね。

真紀　：そうだね。あ，サクラ美術館に行く前に，サクラ駅で1人の女性が私に中国語で話しかけてきたの。旅行者①として(＝as) 1人で日本に来たんだと思う。彼女は私に何か聞いたけど，私は中国語があまり理解できなかったから，何も言えなかったよ。

リリー：なるほど。その言語を知らなければ，助けてあげるのは難しいかもしれないね。

真紀　：そうだよね。昨夜ウェブサイトでいくつかのグラフを見つけたよ。グラフ1を見て。このグラフは，道に迷っている外国人に出会ったときに日本人が何をするかを示しているよ。

リリー：見せて。合計で 65%以上の人が外国人の手助けをしたいと思う，って言っているね。それに，約②イ８(＝eight)%の人は，常に手助けをしたいと思う，と言っているね。でも，合計で約 20%の人が，あまり外国人の手助けをするのを好まない，または手助けをしたいと思わない，と言っているよ。なぜ 20%の人達はそんな風に答えたのかな？

真紀　：その理由はグラフ２に書いてあるよ。見て。

リリー：そうかあ，私はこの理由には同感できるよ。グラフ２の中では最も割合が高いよ。

真紀　：私もサクラ駅で女の人が話しかけてきたとき，同じように感じたな。あと，他の理由にも同感だよ。私は道で助けを必要としている外国人に会ったことがあるの。でも，③アどうすればいいかわからなかった(＝I didn't know what I should do)から，手助けできなかったよ。

リリー：(3)アグラフ２の約 28%の人のことを言っているの？

真紀　：そうだよ。そういう状況のときはどうしたらいいのかな？

リリー：そうだなあ，私にひとつアイデアがあるよ。(4)ウ私は日本に来た初日に道に迷ったの。そしたら1人の日本人男性が私に声をかけてくれたよ。私は彼が日本語で何を言っているのかわからなかったけど，彼が一生懸命に私を手助けしようとしてくれていたことはわかったよ。それで私は安心したの。つまり，「こんにちは」とか「大丈夫ですか？」④みたいな(＝such as)簡単な声かけをすることも，外国人を手助けするひとつの方法だと思うな。

真紀　：なるほど。外国人に何か言うことは難しいかもしれないけど，他の人が話しかけてくれたら安心するのは確かだね。私も人に手を差しのべられる人になりたいな。

3　【本文の要約】参照。

⑴①　〈過去分詞（＝sung）＋語句（＝by a famous singer）〉が後ろから名詞（＝song）を修飾する形にする。

⑥　文の後半に合わせて過去形にする。

⑵　I also thought I needed someone to teach me, so I decided to visit Ms. Oki.：to 不定詞〈to＋動詞の原形〉で後ろから someone を修飾し，「私に教えてくれるだれか」とする。　・think (that) ＋主語＋動詞「～だと思う」

⑶　実花が１回目のリハーサルのミスについて考え，曲中に難しくてうまく弾けない箇所があることに気がついた場面に入れる。【D】が適当。them は直前の文の a few difficult parts を指す。

⑷Ⅰ群　第４段落１～２行目の実花とオキ先生のやり取りより，アが適当。　Ⅱ群　第４段落６～７行目より，キが適当。（説明の訳）「実花はオキ先生を訪ね，１回目のリハーサルについて話した。オキ先生はリハーサルでⅰア実花が曲をうまく弾けなかったことを残念に思った。オキ先生は実花の問題点に気付き，実花にⅱキ緊張したときに自分たちに何が起きるかを話した」

⑸　④　直後の文に，「例えば，お気に入りのもの（＝favorite thing）を持っていくのもよい」とあるので，「人」ではなく「もの」を表す something が適当。　⑦　実花は１回目のリハーサルの反省を踏まえて難しい箇所を練習し，オキ先生のアドバイスをもとに緊張したときの対策もしたので，⑦の時点では自分を信じることができたと考えられる。believe が適当。

⑹　代名詞などの指示語は直前の語や文を指すことが多いが，ここでは直後の文の I realized that 以下を指す。イが適当。

⑺　第６段落の１行目に One Friday in October, we had the second rehearsal.　It was four days before the chorus contest. とある。合唱コンクール当日は金曜日の４日後だから，Tuesday「火曜日」が適当。

⑻⒜　「１回目のリハーサルでは，実花のクラスを見ている生徒がたくさんいましたか？」…第３段落より，たくさんの生徒が見ていたから，Yes, there were. と３語で答える。

⒝　「２回目のリハーサルの日，実花はどこでメッセージカードを読みましたか？」…第６段落１～２行目より，自宅で読んだので，She read it at home. と５語で答える。

⑼　ア「実花は×夏休みの間，週に１度ピアノの先生であるオキ先生の元を訪れた」　イ「１回目のリハーサルの翌日，オキ先生はミカがリハーサルで緊張したと言ったが×実花はそれに同意しなかった」　ウ○「実花はオキ先生からメッセージカードをもらったあと，いつもそれを持ち歩いた」　エ○「実花は１回目のリハーサルから学んだことのおかげで，２回目のリハーサルではうまく弾くことができた」　オ「×合唱コンクール当日，オキ先生は実花の幸せそうな顔を見てうれしいと言った」

⑼　【陸とマークの会話の要約】参照。⒜　第５段落の最後などから better を抜き出す。ⅱの make yourself better は第６段落６行目などにある improve myself と同様の意味である。　・make＋人＋状態「（人）を（状態）にする」　・improve～「～を向上させる」　⒝　第７段落１～２行目の I learned that に続く部分の thinking about the reasons for mistakes is important を ⅲ に合う形にすればよい。ⅲ は it is … to＋動詞の原形「～するのは…だ」の形だから，thinking は原形の think に変え，it is important to think about the reasons とする。

【本文の要約】

私が中学１年生のとき，10 月に合唱コンクールがありました。７月に，私のクラスは，①ある有名な歌手によって歌われている曲（＝a song sung by a famous singer）を選びました。私は伴奏者になりました。小学校のときにピアノを練習していたからです。私は中学に入ってからはあまりピアノを弾いていませんでした。でも私は楽譜を見たとき，その曲を弾けると思いました。

夏休みの間，私は毎日ピアノの練習をしました。また，私に教えてくれるだれかが必要だと思ったので，オキ先生を訪ねることにしました。オキ先生は私が小学生のときのピアノの先生でした。私は休みの間，毎週水曜日と土曜日に先生のところに行きました。夏休み後は土曜日しか行きませんでしたが，私はその曲をうまく弾けるようになったと思っていました。

(8)(a)9月のある金曜日，私たちは初めてリハーサルをしました。私のクラスのあとにリハーサルをする予定の生徒がたくさん待機していて，私たちのクラスを見ていました。私はそのことに気付いたあとピアノの演奏に集中できず，何回もミスをしてしまいました。

翌日，私はオキ先生のところに行き，こう言いました。「リハーサルでたくさんミスをしました」先生は，「それは残念ね。ミスの理由を考えた？」と言いました。私は「いいえ，考えたくありません」と言いました。先生は「理由を考えなければ，また同じミスをするわよ。あなたが何をすべきか理解するのを手伝わせてちょうだい」と言いました。私が「１人で練習しているときはいつもうまく弾けたのに，リハーサルでは同じように弾けませんでした」と言うと，先生は「あなたは緊張したのよ。そうでしょう？」と言ったので，私は「そうです」と答えました。先生は「緊張すると，いつもとは違う状態になって，普段はできることができなくなる場合があるの。でもリラックスする方法はあるわ。成功した自分を想像するのもそのひとつよ。たくさん練習するのも大切な方法ね。そうすれば，うまく弾けると確信が持てるの。あなたがリラックスするのに助けとなる④ウもの（＝something）を持っているのもいい方法よ。例えば，お気に入りのものを持っていくの。リラックスさせてくれるようなメッセージを持っていくのもいいわよ」と言いました。そして自分の机から小さなメッセージカードを取り出し，こう書きました。「あなたは一生懸命練習した。うまくできる」先生はそのカードを私に渡してくれました。私は先生のメッセージを読んだとき，あることがわかりました。(6)イ私ががんばっているときは，周りの人はそのことをわかってくれるのだということに気づいたのです。

その日先生を訪ねたあと，私は先生から学んだ方法を試してみました。⑥寝る前（＝Before I slept）はいつも，自分が合唱コンクールで上手に演奏しているところを想像しました。(9)ウいつもメッセージカードを持ち歩き，曲を演奏する前にそれを見ました。また，ミスについてもう１度考えました。そしてその曲の中に，何か所か難しくてうまく弾けない箇所があることに気づきました。【D】私はその部分を一生懸命練習しました。１週間後，私は前よりもうまく演奏できるようになったと確信が持てました。

(7)10月のある金曜日，２回目のリハーサルがありました。合唱コンクールの４日前でした。(8)(b)リハーサルの朝，私は家でオキ先生の顔を思い出し，メッセージカードを読みました。その後，それをポケットにしまい，学校に行きました。私は曲を演奏する前に何度か先生のメッセージを思い出しました。私は２回目のリハーサルでも緊張しましたが，うまくできると⑦ウ信じていました（＝believed）。そして，２回目のリハーサルではうまく弾くことができました。(9)エ私は１回目のリハーサルから多くのことを学び，そしてそのおかげで２回目のリハーサルではうまく弾くことができました。私は自分自身を向上させる方法を学び，合唱コンクールでも成功しました。コンクールの翌日，私はオキ先生を訪ね，そのことについて話しました。先生は，「あなたはうまくなるために本当に一生懸命努力したわ。この幸せそうな顔が見れて，私もうれしいわ」と言ってくれました。

当初，１回目のリハーサルは私にとって単なる悪い経験にすぎませんでしたが，私はその経験からたくさんのことを学びました。(10)(b)私は，ミスの理由について考えることは大事だということを学びました。そうするのは時として簡単ではありません。なぜならミスをすると悲しくなってそれについて考えたくなくなる場合もあるからです。しかし，今では私はそうすることが自分自身を向上させるために大切なのだとわかりました。

【陸とマークの会話の要約】

陸　　：英語の授業の僕のスピーチはどうだった？

マーク：よかったよ。上手に英語を話していたよ。

陸　　：ありがとう。でもたくさんミスをしちゃったよ。今後，またスピーチをするときには今回より i もっと上手に(＝better)話せるといいな。

マーク：そうだね，実花は作文で自分を ii より良く(＝better)する方法について話していたね。

陸　　：そうだね。僕は彼女の作文から多くを学んだよ。彼女は， iii ミスをしたときはその理由を考えることが大事だ(＝it is important to think about the reasons)と言っていたね。僕も自分自身を向上させるためにそうするよ。

4　(1)　質問「メグはいくつのケーキを買うでしょうか？」…A「メグ，見てよ。この小さいケーキは美味しそうだね。私はこれを１つ買うよ。あなたはどうする？」→B「それは美味しそうだね，ナミ。私も１つ買うよ」→A「私の家族はケーキが好きだから，家族のために更に２つ買うよ」→B「いいアイデアだね。私も家族のために，さらに４つのケーキを買うよ」より，自分に１つと家族に４つで合計５つ買う。エが適当。

(2)　質問「この駅からワカバ寺に行くにはどうしたらいいでしょうか？」…A「すみません。この駅からワカバ寺への行き方を教えてもらえませんか？」→B「はい。最初に地下鉄に乗りモミジ駅へ行きます。その駅から７番のバスに乗ります。そのバスはワカバ寺に行きます」→A「ありがとうございます。バスは簡単に見つかりますか？」→B「はい，緑のバスを探してください」より，イ「地下鉄でモミジ駅へ行き，そこでバスに乗る」が適当。

5　【放送文の要約】参照。

(1)　質問「そのイベントは何時に始まりますか？」…ウ「９時」が適当。

(2)　質問「そのイベントについて，どれが正しいですか？」…イが適当。

【放送文の要約】

みなさん，おはようございます。ナギサ公園へようこそ。本日はお越しいただきありがとうございます。みなさんのためにスポーツイベントをご用意しています。それに関する情報をお伝えします。サッカー選手に会うことができます。彼の名前はスギノ選手です。彼は以前に２度このイベントに来てくれたことがあります。イベントでは彼とサッカーをして楽しむことができます。(1)ウイベントは午前９時開始です。今，午前８時です。チケットは午前８時 30 分から購入できます。イベントに参加したい場合，チケットを購入する必要があります。(2)イ大人は 800 円，子どもは 400 円です。チケット購入時にギフトとして新しいサッカーボールがもらえます。そして，そのボールにサインしてくれるようスギノ選手にお願いすることができます。また，イベント中は彼と写真撮影することも可能です。ご不明な点がありましたらスタッフメンバーまでお尋ねください。ありがとうございました。

6　(1)　A「何部に入っているの，アヤ？」→B「バレーボール部に入っているよ。ワダ先生が教えてくれるの」→A「そうなんだね。先生がどの教科を教えているか知ってる？」より，ア「彼は理科の先生だよ」が適当。

(2)　A「ブラウン先生，こんにちは。英語の本を読みたいのですが。いい本をご存知ですか？」→B「うん。この本はどう？たくさんの生徒がこの本を好きだよ」→A「私にその本の英語が理解できるようなら読みたいです。数分見せてもらってもいいですか？」より，エ「もちろん。試し読みのために家に持ち帰ってもいいよ」が適当。

2023 解答例 令和５年度　京都府公立高等学校【前期】

《2023　前期　国語　解答例》

一　(1)フレーム　(2)そざい　(3)Ⅰ．ア　Ⅱ．キ　(4)エ　(5)ア　(6)Ⅰ．ウ　Ⅱ．ク，ケ　(7)イ　(8)層
(9)㊀有形や無形であることと、意識的または無意識に用いること　㊁想像の～的存在

二　(1)ア　(2)イ　(3)ウ　(4)ア，ウ　(5)ふく　(6)エ　(7)㊀エ　㊁ことばの使用経験の蓄積が異なる人どうしの係わりの先　㊂イ

三　(1)ア　(2)ウ　(3)ただ／え／ア　(4)㊀エ　㊁Ｂ．尊重する　Ｃ．時と場合を考える　㊂イ

《2023　前期　数学　解答例》

1　(1)81　(2)$-\frac{5}{24}y$　(3)$11\sqrt{2}$　(4)$x=3$　$y=\frac{1}{3}$　(5)9　(6)$4x^2+4xy+y^2-25$　(7)$\frac{-1\pm\sqrt{7}}{6}$
(8)59　(9)$\frac{1}{6}$

2　(1)ａ＝２　ｂ＝14　(2)13

3　(1)$2\sqrt{2}$　(2)$\frac{4}{3}$　(3)$\frac{4\sqrt{3}}{3}$

4　(1)ａ＝12　面積…36　(2)$\frac{8}{5}$

5　(1)△ＩＧＢと△ＩＦＥで，
対頂角は等しいから，∠ＢＩＧ＝∠ＥＩＦ…①
長方形ＡＢＣＤにおいて，ＡＤ//ＢＣより，平行線の錯角は等しいから，∠ＡＤＢ＝∠ＩＢＧ…②
線分ＥＤは，線分ＢＤを対称の軸として，線分ＡＤを対称移動させたものであるから，∠ＡＤＢ＝ＧＤＦ…③
線分ＥＧは，線分ＧＨを対称の軸として，線分ＤＧを対称移動させたものであるから，∠ＧＤＦ＝ＩＥＦ…④
②，③，④から，∠ＩＢＧ＝∠ＩＥＦ…⑤
①，⑤から，２組の角がそれぞれ等しいので，△ＩＧＢ∽△ＩＦＥ
(2)$\frac{7}{4}$　(3)$\frac{200}{39}$

6　(1)72　(2)420　(3)55

《2023　前期　英語　解答例》

1　(1)Have you ever been　(2)(a)Where did you have　(b)playing the guitar

2　(1)for　(2)ウ　(3)ア　(4)エ

3　(1)カ→エ→イ→ア→ウ→オ　(2)②trying　⑥felt　(3)A　(4)オ→ア→エ→イ→ウ　(5)イ　(6)Ⅰ群…エ　Ⅱ群…キ　(7)(a)No, they don't.　(b)They were like stars.　(8)ウ，オ　(9)(a)ア　(b)many beautiful things around us　(c)change your actions a little

4　(1)イ　(2)ア

5　(1)エ　(2)イ

6　(1)ア　(2)ウ

2023 解説 令和５年度 京都府公立高等学校【前期】

←解答例は前ページにありますので，そちらをご覧ください。

《2023　前期　国語　解説》

一、二

著作権上の都合により文章を掲載しておりませんので、解説も掲載しておりません。ご不便をおかけし、誠に申し訳ございません。

三　⑴　「長説法する」とアの「ありき」は、どちらも「観地房の阿闍梨と云ふ真言師」が主語。イの「多かりけり」は「見物の男女」、ウの「問ひければ」は「見物の者共も」、エの「云ひ合ひける」は「人」が主語。

⑵　直後の「見物の者共も、『いかにも、説法は果つるか』と問ひければ」の理由となる部分なので、ウが適する。活用語の已然形に付く「ば」は、「ので」「と」などと訳す。

⑶　古文で言葉の先頭にない「はひふへほ」は、「わいうえお」に直すので、「ただ舞へ」は「ただ舞え」となる。ア～エを現代仮名遣いで書いた場合、アは「つづり」、イは「思う」、ウは「おかし」、エは「漂《ただよ》い」となる。よって、アが適する。

⑷㊁　Bは「人の心を守り」、Cは「時により、機に随ふべし」に対応した内容が入る。　㊂　「目出たき事も、人の心に飽く程になれば、益なし」に対応する内容なので、イが適する。この辺の事情がわからずに長い説法を続けた「観地房の阿闍梨と云ふ真言師」は、聴衆から「災ひ」とまで言われた。

【古文の内容】

　常州《じょうしゅう》に、観地房《かんちぼう》の阿闍梨《あじゃり》という、説法《せっぽう》(仏の教えを説き聞かせること)を流ちょうにこなした真言《しんごん》宗の祈《き》祷《とう》をする僧がいた。しかし、(聴衆《ちょうしゅう》の)気持ちもお構《かま》いなしの長話《ながばなし》だった。お堂の供養《くよう》を中心になってする僧として、例のごとく長々と説法をするが、(その供養では)舞楽を準備していて、子どもが舞う舞なので、特に見物の男女が多かった。説法が終わるのを待つうちに、余りに(話が)長く続き、日が傾いたので、見物していた者たちも、「いくら何でも、もう説法は終わったか」と尋ねたところ、「この災い(をもたらす坊主)が、まだ高座にいるぞ」と、人々は言い合ったのだった。そして日が暮れてしまったので、「とにかく舞え」と言って、舞楽だけは行ったのだった。

　「聖人に固有の考えはない。あらゆる物の考えを自分の考えとする」と言って、万事《ばんじ》について、人の心を見守り、時によって、状況に随《したが》うべきである。(人々が)仏法の道理を聞きたがる時に、心静かでいられる道場では、丁寧に説いてやるべきなのだ。舞楽のある供養ではそれに合わせた配慮をするべきなのだ。

　法華経《ほけきょう》には、「仏法に対する深い思いがある者にも、多くを説いてはならない」という教えが見られる。素晴らしい説法も、聞く人の心に嫌気がさせば、ためにならない。ともかく(聞く人の)心に話し方を合わせるべきなのではないだろうか。

《2023　前期　数学　解説》

1　⑴　与式$=-9\times(7-16)=-9\times(-9)=$**81**

⑵　与式$=\dfrac{4(3x-2y)-3(4x-y)}{24}=\dfrac{12x-8y-12x+3y}{24}=\boldsymbol{-\dfrac{5}{24}y}$

⑶　与式$=3\times5\sqrt{2}-\sqrt{2}-\sqrt{18}=15\sqrt{2}-\sqrt{2}-3\sqrt{2}=\boldsymbol{11\sqrt{2}}$

⑷　$2x-3y=5$…①とする。$3x-(4x-6y)=-1$より，$3x-4x+6y=-1$　　$-x+6y=-1$…②

①×２＋②で y を消去すると，$4x-x=10-1$　$3x=9$　$x=$ **3**

②に $x=3$ を代入すると，$-3+6y=-1$　$6y=2$　$y=$ **$\frac{1}{3}$**

⑸　**【解き方】変化の割合は，$\frac{(y\text{の増加量})}{(x\text{の増加量})}$ で求める。**

$x=a$ のとき $y=-2a^2$，$x=a+2$ のとき，$y=-2(a+2)^2=-2(a^2+4a+4)=-2a^2-8a-8$

したがって，x の値が a から a＋2 まで増加するときの変化の割合は，$\frac{(-2a^2-8a-8)-(-2a^2)}{(a+2)-a}=\frac{-8a-8}{2}=$ $-4a-4$ と表せる。よって，$-4a-4=-40$ より，$-4a=-36$　a＝**9**

⑹　与式＝$\{(2x+y)+5\}\{(2x+y)-5\}=(2x+y)^2-5^2=$ **$4x^2+4xy+y^2-25$**

⑺　２次方程式の解の公式より，$x=\frac{-2\pm\sqrt{2^2-4\times6\times(-1)}}{2\times6}=\frac{-2\pm\sqrt{28}}{12}=\frac{-2\pm2\sqrt{7}}{12}=$ **$\frac{-1\pm\sqrt{7}}{6}$**

⑻　**【解き方】正三角形の１つの内角は 60°，正五角形の１つの内角は，$\frac{180°\times(5-2)}{5}=108°$ になることを利用する。**

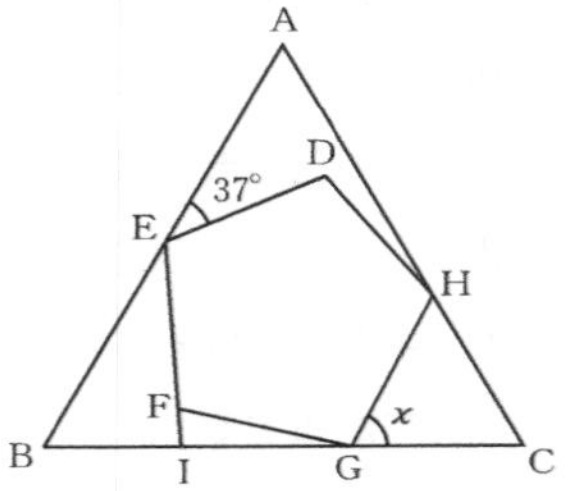

右のように作図する。∠ＢＥＩ＝180°−37°−108°＝35°

三角形の外角の性質より，△ＢＥＩにおいて，∠ＥＩＧ＝60°＋35°＝95°

△ＦＩＧにおいて，∠ＦＧＩ＝108°−95°＝13°

よって，∠x＝180°−13°−108°＝**59°**

⑼　**【解き方】２本のあたりくじを①，②，２本のはずれくじを１，２として区別して考える。**

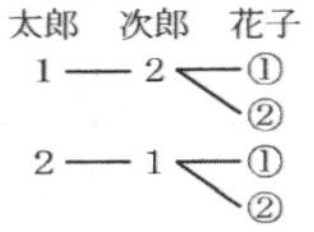

太郎さんの引き方は４通りあり，その１通りごとに次郎さんの引き方が４−１＝３(通り)あり，その１通りごとに花子さんの引き方が３−１＝２(通り)あるから，３人の引き方は全部で，４×３×２＝24(通り)ある。そのうち花子さんだけが当たりを引くのは，右図の４通りだから，求める確率は，$\frac{4}{24}=$ **$\frac{1}{6}$**

２　⑴　**【解き方】平均値から a＋b の値を求め，生徒９人の本数がそれぞれ異なるという条件から a の値をしぼりこんでいく。**

生徒９人の本数の合計について，３＋９＋15＋６＋11＋８＋４＋a＋b＝８×９　a＋b＝16

０＜a＜b＜16 だから，a は 16÷２＝８より小さい。１から８までの自然数でまだ本数として現れていない数は１，２，５，７である。a＝１のとき，b＝16−１＝15 ですでにあるから条件に合わない。

a＝２のとき，b＝16−２＝14 でまだないから条件に合う。

a＝５のとき，b＝16−５＝11 ですでにあるから条件に合わない。

a＝７のとき，b＝16−７＝９ですでにあるから条件に合わない。よって，a＝**2**，b＝**14**

⑵　**【解き方】(四分位範囲)＝(第３四分位数)−(第１四分位数)である。10 個のデータの第１四分位数は下位 10÷２＝５(個)の中央値だから，小さい方から３番目のデータで，第３四分位数は上位５個の中央値だから，大きい方から３番目のデータである。**

生徒９人のデータを小さい順に並べると，２，３，４，６，８，９，11，14，15 となる。

先生の値次第で小さい方から３番目になる可能性があるのは，３と４，および先生のデータである。

小さい方から３番目が３の場合，先生のデータは３以下で，大きい方から３番目は３＋９＝12 だが，12 は存在しないので条件に合わない。

小さい方から３番目が４の場合，先生のデータは４以上で，大きい方から３番目は４＋９＝13 である。13 は生徒のデータに存在しないが，先生のデータが 13 ならば大きい方から３番目となる。

よって，先生の本数は 13 本である。

3　(1)　**【解き方】四角形ＡＢＦＤは四角形ＢＣＤＥと合同な正方形である。**

正方形ＡＢＦＤにおいて対角線の長さがＡＦ＝４cmである。正方形の１辺の長さと対角線の長さの比は $1:\sqrt{2}$ だから，$AB=\frac{1}{\sqrt{2}}AF=\frac{4}{\sqrt{2}}=2\sqrt{2}$ (cm)　　よって，正八面体の１辺の長さは **$2\sqrt{2}$** cmである。

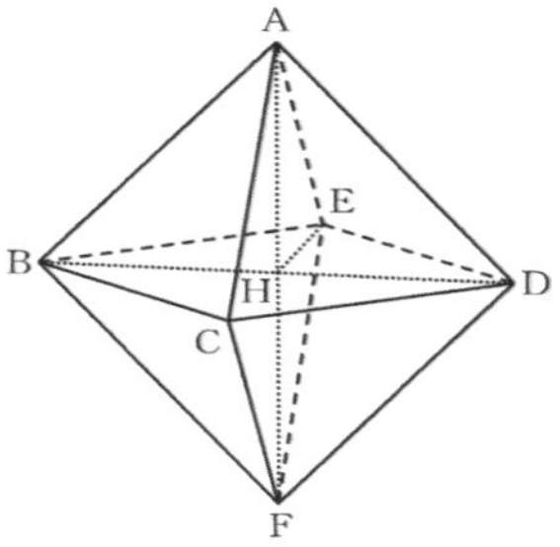

(2)　**【解き方】ＡＦとＢＤは正方形ＡＢＦＤの対角線だから，垂直に交わる。**

したがって，三角すいＨＢＦＥの底面を△ＢＨＥとしたとき，高さはＨＦである。

△ＢＨＥの面積は正方形ＢＣＤＥの面積の $\frac{1}{4}$ だから，

$\triangle BHE=2\sqrt{2}\times2\sqrt{2}\times\frac{1}{4}=2$ (cm²)

$HF=\frac{1}{2}AF=\frac{1}{2}\times4=2$ (cm)だから，三角すいＨＢＦＥの体積は，

$\frac{1}{3}\times2\times2=$ **$\frac{4}{3}$** (cm³)

図１

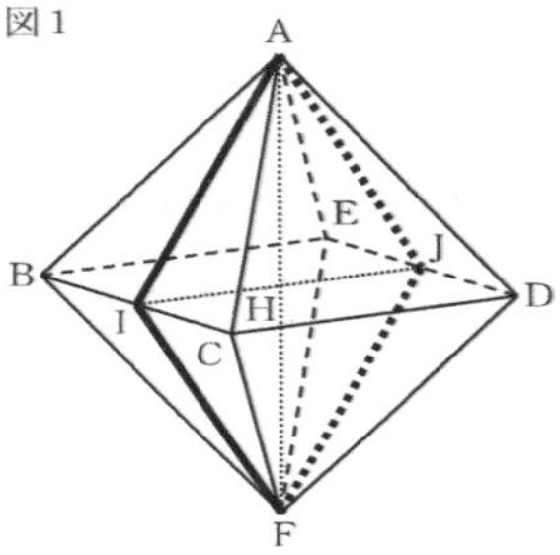

(3)　**【解き方】ＢＣ，ＤＥの中点をそれぞれＩ，Ｊとし，図１のように作図する。Ａから平面ＢＦＣに引いた垂線は直線ＩＦ上にあるので，Ａと直線ＩＦの距離を求める。正八面体の各面は合同な正三角形だから，四角形ＡＩＦＪはすべての辺の長さが等しいので，ひし形である。**

ＡＦ＝４cm，ＩＪ＝ＢＥ＝$2\sqrt{2}$ cmだから，ひし形ＡＩＦＪの面積は，

$\frac{1}{2}\times4\times2\sqrt{2}=4\sqrt{2}$ (cm²)

また，図２のように正三角形の１辺の長さと高さの比は $2:\sqrt{3}$ だから，

$IF=\frac{\sqrt{3}}{2}BF=\frac{\sqrt{3}}{2}\times2\sqrt{2}=\sqrt{6}$ (cm)

図２

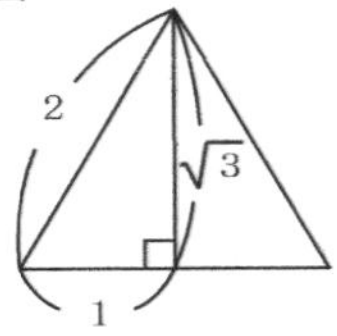

Ａと直線ＩＦの距離をｈcmとすると，ひし形ＡＩＦＪは，底辺がＩＦで高さがｈcmの平行四辺形とみることができるから，ひし形ＡＩＦＪの面積について，

$\sqrt{6}h=4\sqrt{2}$　　$h=\frac{4\sqrt{2}}{\sqrt{6}}=\frac{4}{\sqrt{3}}=\frac{4\sqrt{3}}{3}$

よって，Ａと平面ＢＦＣの距離は **$\frac{4\sqrt{3}}{3}$** cmである。

4　(1)　**【解き方】右の「座標平面上の三角形の面積の求め方」を利用する。**

座標平面上の三角形の面積の求め方

下図において，△ＯＰＱ＝△ＯＰＲ＋△ＯＱＲ＝△ＯＭＲ＋△ＯＮＲ＝△ＭＮＲだから，△ＯＰＱの面積は以下の式で求められる。

$\triangle OPQ=\frac{1}{2}\times OR\times$（ＰとＱの x 座標の差）

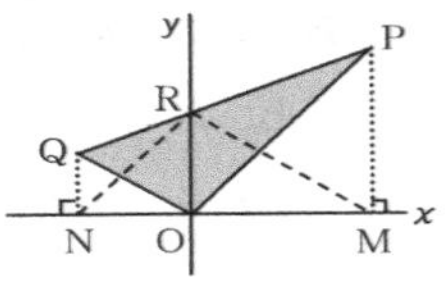

$y=\frac{a}{x}$ のグラフはＡを通るから，$y=\frac{a}{x}$ に $x=2$，$y=6$ を代入すると，$6=\frac{a}{2}$ より，$a=12$

ＢとＣは x 座標の絶対値が等しく異符号であり，同じ双曲線上の点なので，原点Ｏについて対称である。したがって，ＢＣはＯを通るから，

$\triangle BDC=\frac{1}{2}\times OD\times$（ＢとＣの x 座標の差）で求められる。

$y=\frac{12}{x}$ にＢの x 座標の $x=4$ を代入すると，$y=\frac{12}{4}=3$ となるから，Ｂ(４，３)である。直線ＡＢの式を $y=mx+n$ とする。Ａの座標から $6=2m+n$，Ｂの座標から $3=4m+n$ が成り立つ。これらを連立方程式として解くと，$m=-\frac{3}{2}$，$n=9$ となるから，Ｄ(０，９)，ＯＤ＝９である。よって，$\triangle BDC=\frac{1}{2}\times9\times\{4-(-4)\}=$ **36**

(2)　**【解き方】Eの位置と四角形COFEの面積から，△OBFの面積が△BDCの面積の何倍にあたるかを考える。**

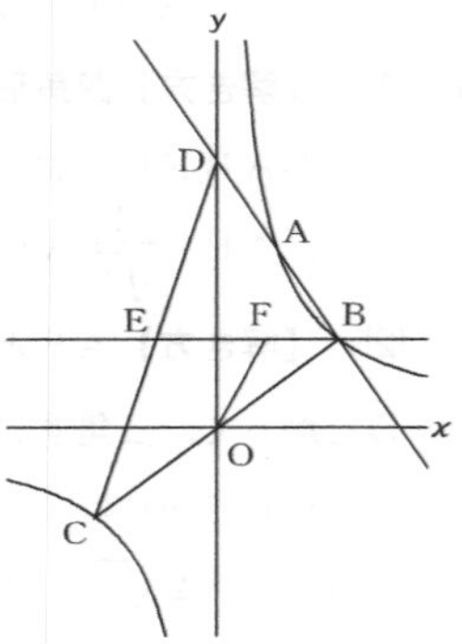

(1)より，B(4，3)，C(－4，－3)，D(0，9)だから，Cと直線BEの距離は

3－(－3)＝6で，Dと直線BEの距離も9－3＝6である。したがって，

EはCDの中点だから，$\triangle BEC=\frac{1}{2}\triangle BDC$

四角形COFEの面積は$\frac{2}{5}\triangle BDC$だから，

$\triangle OBF=\frac{1}{2}\triangle BDC-\frac{2}{5}\triangle BDC=\frac{1}{10}\triangle BDC=\frac{1}{10}\times 36=\frac{18}{5}$

△OBFの面積について，$\frac{1}{2}\times BF\times$(Bの$y$座標)$=\frac{18}{5}$　　$\frac{1}{2}\times BF\times 3=\frac{18}{5}$

$BF=\frac{18}{5}\times\frac{2}{3}=\frac{12}{5}$　　よって，Fのx座標は，(Bのx座標)$-\frac{12}{5}=4-\frac{12}{5}=\mathbf{\frac{8}{5}}$

5　(1)　まず，問題文の仮定を図にかきこんで，証明のために必要な条件を探そう。条件が足りない場合は，問題の内容に応じて，図形の性質，平行線の同位角・錯角，円周角の定理などからわかることもかきこんでみよう。

(2)　**【解き方】EF＝$x$cmとする。△DFCは直角三角形だから，DF，CFの長さをxの式で表して，三平方の定理からxの方程式を立てる。**

ED＝AD＝8cmで，(1)より△BDFはBF＝DFの二等辺三角形だから，

DF＝$(8-x)$cm，BF＝DF＝$(8-x)$cm，CF＝$8-(8-x)=x$(cm)

三平方の定理より，$CF^2+CD^2=DF^2$　　$x^2+6^2=(8-x)^2$　　これを解くと$x=\frac{7}{4}$となるから，EF＝$\mathbf{\frac{7}{4}}$cm

(3)　**【解き方】BI＝$y$cmとする。△IGBと△IFEの相似比を求め，IFの長さをyの式で表して，BFの長さについてyの方程式を立てる。**

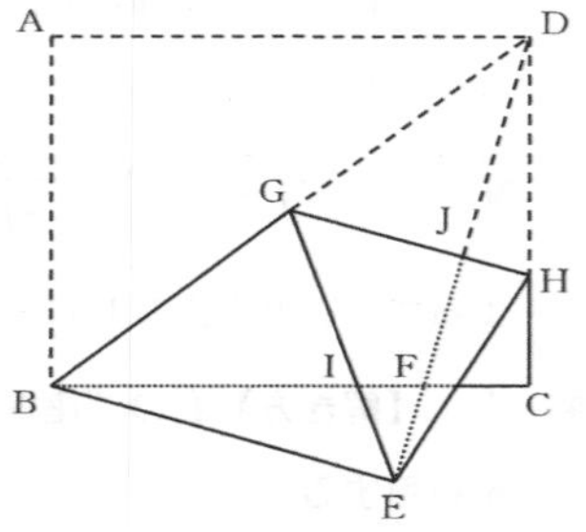

三平方の定理より，$BD=\sqrt{AB^2+AD^2}=\sqrt{6^2+8^2}=10$(cm)

GHは2点D，Eの対称の軸だから，右図のように点Jをおくと，

∠DJG＝90°で，JはDEの中点である。

∠BED＝∠BAD＝90°だから，BE//GJなので，中点連結定理より，

GはBDの中点である。したがって，$BG=10\times\frac{1}{2}=5$(cm)だから，

△IGBと△IFEの相似比は，$BG:EF=5:\frac{7}{4}=20:7$

これより，$EI=\frac{7}{20}BI=\frac{7}{20}y$(cm)

GE＝GD＝5cmだから，$GI=(5-\frac{7}{20}y)$cmで，$FI=\frac{7}{20}GI=\frac{7}{20}(5-\frac{7}{20}y)=\frac{7}{4}-\frac{49}{400}y$(cm)

$BF=BC-CF=8-\frac{7}{4}=\frac{25}{4}$(cm)だから，BFの長さについて，$y+(\frac{7}{4}-\frac{49}{400}y)=\frac{25}{4}$

これを解くと$y=\frac{200}{39}$となるから，BI＝$\mathbf{\frac{200}{39}}$cm

6　(1)　**【解き方】入力した数値と表示される4種類の矢印の個数の関係を表にまとめて，規則性を考える。**

1を入力すると，最初の位置から左下に1つ進んだ位置まで移動するように，矢印が→，↑，←，↓の順に表示されると考え，これを「1周目」とする。2を入力すると，1周目の最後の地点からさらに左下に1つ進んだ位置まで移動するように，矢印が→，↑，←，↓の順に表示されると考え，これを「2周目」とする。「3周目」も同様である。各周で表示される4種類の矢印の個数は右表のようになる。矢印の合計の個数は，1周目が6個で，そのあとは1周ごとに8個増えているから，4周目は22＋8＝30(個)である。

	→	↑	←	↓	合計
1周目(個)	1	1	2	2	6
2周目(個)	3	3	4	4	14
3周目(個)	5	5	6	6	22
⋮	⋮	⋮	⋮	⋮	⋮

よって，求める個数は，6＋14＋22＋30＝**72(個)**

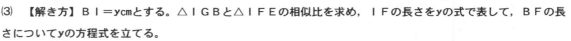

(2)　**【解き方】(1)の表より，←の個数は２から連続する偶数になる。**

←は20周目では20×２＝40(個)表示される。したがって，２＋４＋６＋……＋40を求めればよい。

２から40までの連続する20個の偶数の列を２つ使って右のような筆算が書けるから，

$$\begin{array}{r} 2+4+6+\cdots\cdots+40 \\ +)\ 40+38+36+\cdots\cdots+2 \\ \hline 42+42+42+\cdots\cdots+42 \end{array}$$

$2+4+6+\cdots\cdots+40=\dfrac{42\times20}{2}=420$　　よって，求める個数は**420**個である。

(3)　**【解き方】求める自然数をxとする。(1)の表から↑，←，↓の個数の合計と→の個数の差の規則性を考え，x周目での個数の差をxの式で表す。そして，(2)のように筆算を使った考え方から，xを入力したときの個数の差をxの文字式で表し，方程式を立てる。**

↑，←，↓の個数の合計と→の個数の差は，１周目では(１＋２＋２)－１＝４(個)，２周目では(３＋４＋４)－３＝８(個)，３周目では(５＋６＋６)－５＝12(個)，……と，４から連続する４の倍数になる。したがって，x周目では$4x$個となるから，$4+8+12+\cdots\cdots+4x=6160$となるような$x$を求める。

$4+8+12+\cdots\cdots+4x$という式を(2)のように２つ用意して和が同じになるように足し合わせていくと，$4+4x$がx個できるから，$4+8+12+\cdots\cdots+4x=\dfrac{(4+4x)\times x}{2}=2x^2+2x$(個)と表せる。

$2x^2+2x=6160$より，$x^2+x-3080=0$　　因数分解するために積が3080，差が１の２数を考えなければならない。連続する整数の積が3080になればいいので，２乗すると3080に近くなる数を見つけることで探したい２数を見つけやすくなる。$50^2=2500$，$60^2=3600$だから，探したい２数は50と60の間にある。この範囲で積が3080になる連続する２数を探すと，55×56＝3080が見つかる。

よって，$(x+56)(x-55)=0$より$x=-56$，55となり，$x>0$より，$x=55$　　求める自然数は**55**である。

《2023　前期　英語　解説》

1　(1)　③で相手がYes, I have.と答えたから，「あなたはそこに行ったことがありますか？」＝Have you ever been there before?という“経験”を問う現在完了の疑問文にする。

(2)　指定された語数を守ること。　(a)　直後に大騎がI had it in our school.「うちの学校で行ったよ」と答えたから，「どこでそれを行ったの？」＝Where did you have it?という，音楽イベントの開催地を尋ねる疑問文にする。

(b)　文意「あなたの横で□男の子は誰？」と写真より，「ギターを弾いている」が適当。「ギターを弾いている男の子」は，現在分詞(＝playing)と語句(＝the guitar)でうしろから名詞(＝boy)を修飾して表す。

2　【本文の要約】参照。

(1)　①　・for example「例えば」　②　・for＋期間「～の間」

(2)　駅から湖に向かって進み，最初の角を右に曲がる→左側に湖が見えたら次の角を左に曲がる→右側にあるのが美術館である。

(3)　直前の「妹は日本文化に興味があるから…」に続く内容だから，アが適当。

(4)　ア×「広斗はルーシーに，先週２つの場所に行き，×そのあとアプリで調べたと言っている」　イ「広斗はルーシーに，わかば鉄道が40年前につくられ，駅は×15しかないと言っている」　ウ×「ルーシーはすでにアプリも持っているので，妹とわかば市のどこを訪れるべきか，よく知っている」…本文にない内容。　エ○「ルーシーは日本語がよくわからないので，アプリで英語の情報が得られて喜んでいる」

【本文の要約】

ルーシー：広斗，何を見ているの？

広斗　　：やあ，ルーシー。携帯で「わかば」というアプリを見ているんだよ。

ルーシー：それは何？

広斗　　：わかば市が作ったアプリだよ。このアプリは市の観光地を紹介してくれるんだ。

ルーシー：なるほど。よくそのアプリを使うの？

広斗　　：うん。①例えば（＝for example），先週，このアプリで調べてから，わかば湖とわかば寺に行ったよ。楽しかったよ。

ルーシー：いいね。私もそのアプリを使いたいな。(4)エでも日本語がよくわからないよ。

広斗　　：このアプリでは情報を英語で手に入れることができるよ。今、君のために英語を選択してあげるよ。

ルーシー：ありがとう。(4)エこのアプリで，英語の情報が得られてうれしいな。来月妹が母国からわかば市に来る予定なんだけど，この町の観光地を知らなくて。私はここに住んで②２か月（＝for two months）なの。だからこのアプリを使って彼女と市内を歩きたいな。

広斗　　：どんなところに行きたいの？

ルーシー：そうだなぁ，この市には有名な鉄道があるって聞いたよ。

広斗　　：わかば鉄道だね。約40年前にできたんだよ。そして電車はさくら駅からかえで駅まで走っているんだ。それらの間には駅が15あるよ。わかば川沿いを走るから電車から景色を楽しむことができるよ。

ルーシー：その鉄道について詳しいんだね。

広斗　　：僕はそのアプリで鉄道についての情報を手に入れたよ。音声案内を聞くこともできるよ。

ルーシー：すごいアプリね。妹は美術が好きだから，一緒に美術館に行きたいな。

広斗　　：そうだな，わかば美術館はどう？みなと駅の近くだよ。

ルーシー：わかったわ。駅からどうやって行くの？

広斗　　：えっと，アプリを見てみよう。(2)ウ駅からわかば湖の方へ歩いて。最初の角を右に曲がって，道に沿って歩く。左側に湖が見えるよ。そうしたら角を左に曲がる。美術館は右側だよ。

ルーシー：わかった。美術館の周りに観光名所はあるかな？

広斗　　：そうだな，わかば寺は？外国人に人気のスポットだよ。

ルーシー：いいね。妹は日本文化に興味があるから，④ア一緒にそのお寺に行って，日本文化を楽しめると思う。

広斗　　：君たちが，アプリを使ってわかば市を楽しめることを願っているよ。

3　【本文の要約】参照。

(1)　If you know, please tell me what happened in the sea.：tell＋人＋もの／こと「（人）に（もの／こと）を教える」の（もの／こと）の部分に what happened in the sea「海の中で何が起きたのか」を置く。

(2)②　〈be 動詞＋～ing〉の現在進行形「～している」にする。よって，try の ing 形の trying が適当。

⑥　last summer「去年の夏」より，過去形の felt が適当。

(3)　おじからサンゴを海に戻そうと活動している人がいることを聞いた良が，その人たちの活動を詳しく聞くという流れだから，【A】が適当。they は直前のおじの発言の many people を指す。

(4)　オ「１つ目の地点で，海が温かくなりすぎた」→ア「１つ目の地点で，多くのサンゴが死んでしまった」→エ「１つ目の地点で，人々がサンゴを移植した」→イ「良はツアーで１つ目の地点のことを聞いた」→ウ「１つ目の地点で，良は美しいサンゴを見た」の流れ。

(5)　代名詞などの指示語は，直前にある名詞や文を指すことが多い。ここでは直前の文を指すから，イが適当。

(6) i 群　第５段落６行目 If we want to save corals, we have to think about global warming.の have to ～「～しなければ

ならない」の言い替えだから，エ「必要な」が適当。　ii 群　第５段落７～９行目参照。Oh, now I understand that I can do many things in my daily life to save corals.の直前の部分で，良は節電やマイバッグ持参などの地球温暖化対策の例を挙げているから，キが適当。（説明の訳）「ケンは良に，サンゴを守りたければ地球温暖化について考えることが［ｉエ必要だ(＝necessary)］と言った。良はケンに，［ⅱキ地球温暖化を止めるためのいくつかの例］を伝えた。良はその時，サンゴを守るために自分にもできることがたくさんあることに気がついた。それで，彼は自分の行動についてもっと考えようと決心した」

(7)(a)　「良のおじとケンはすべての季節にツアーガイドとして活動していますか？」…第２段落８行目より，夏の間だけだから，No で答える。

(b)　「移植を終えた時，良にとってサンゴはどのようなものでしたか？」…第４段落４～５行目より，星のようだった。The corals were like them.の主語を They に，them を stars にすれば答えとなる。

(8)　ア「良はおじとケンと共に×サンゴを移植したかったので，去年の夏おじのもとを訪れた」　イ「ツアーの日，ツアーに参加した人々は２つ目の地点に×大きなサンゴを移植した」　ウ○「ツアーで良が移植したサンゴは，将来海が再び温かくなりすぎたら死んでしまうだろう」　エ「ケンはサンゴを守る最も良い手段は×サンゴの移植だと考えており，そうすることが大事だと信じている」　オ○「良はサンゴを守るために日常生活の中で多くのことができることに気づき，それはケンを喜ばせた」

(9)　【康太とエミリーの会話の要約】参照。(a)　［　i　］のあとの look really nice が直前の gardens を説明しているから，関係代名詞のアが適当。　(b)　何も行動を起こさなければ失ってしまう可能性があるものを答える。最終段落の２～３行目から many beautiful things around us を抜き出す。　(c)　最終段落の最後の一文に I'm sure you can save a lot of things around you if you do that.とある。この do that が指すもの，つまり，直前の文の changed my actions a little を［　iii　］に合う形にすればよい。

【本文の要約】

僕にはおじがいます。おじは家族と一緒に海の近くで暮らしています。僕が家族でおじを訪れると，僕は必ずおじと，おじの息子のケンと一緒に泳ぎます。僕たちには海にお気に入りの地点があり，そこではたくさんの美しいサンゴを見ることができます。

去年の夏，僕たちはお気に入りの地点のひとつで泳ぎました。しかし，サンゴ見ることができなかったので僕は驚きました。僕はおじにこう言いました。「２年前，あの地点にはきれいなサンゴがたくさんあったのに，今日は見ることができなかったよ。どうしてなの？もし知っていたら，海の中で何が起きたのか教えて」おじは，「多くのサンゴが去年死んでしまったんだ。異常気象のせいで夏の間，海があまりにも温かくなってしまったんだよ。他の場所でもたくさんサンゴが死んだ。そして今，多くの人がサンゴを海に戻そうと一生懸命活動しているんだ」と言いました。僕は，「［【A】その人たちは何をしているの？］僕はもっと知りたいよ」と言いました。「ひとつは，海水の温度が正常に戻った後，サンゴを移植することだ。ツアーでサンゴの移植をする人もいる。(7)(a)ケンと私は夏の間，そのツアーのガイドとして活動することもあるよ。来週また行う予定だよ」とおじは言いました。僕は，「もし，海にサンゴを戻すために僕にできることがあればやりたいよ」と言いました。おじが「だったら，一緒にそのツアーに参加しよう」と言ってくれたので，僕は参加を決めました。

ツアーの日は晴れていました。僕は，おじとケンと一緒に，海の近くの小さな建物に行きました。そしてそこで他のガイドたちに会いました。僕たちはそこで，ツアーに参加する人たちにも会いました。(4)イおじが言いました。「今日は２か所を訪れる予定です。それらの地点では(4)オ５年前に海が温かくなりすぎて，(4)ア多くのサンゴが死んでしまいました。しかし私たちは⑷エ３年前，ツアーで行く１つ目の地点にサンゴを移植しました。今ではそこで美しいサンゴを見ることができます。２つ目の地点ではサンゴの移植を行う予定です」おじは僕たちに小さなサンゴを見せて言いました。「これらが移植するサンゴです」

⑷ウ１つ目の地点で，美しいサンゴがたくさん見えました。そのまわりにはたくさんの魚が泳いでいました。僕は，サンゴを移植すれば再び美しいサンゴを見ることができ，また魚もたくさん見ることができるのだと実感しました。ツアーに来る前には，それは想像していませんでした。２つ目の地点では，僕たちは海に潜ってサンゴの移植をしました。サンゴの移植を終え，⑺⒝再びそれらに目を向けた時，僕は星を思い浮かべました。サンゴは星のようでした。僕は自分のお気に入りの地点にもサンゴを移植して，将来また美しいサンゴを見たいと思いました。

ボートに戻った時，僕はケンに言いました。「⑻ウ今日移植したサンゴは，また海の温度が高くなりすぎたら死んでしまうのかな？」ケンは言いました。「うん。でももし何もしなかったら，サンゴを取り戻すことはできないよ。問題を見つけたら，何かをするべきだよ。もちろん，最も大事なことはサンゴの環境を守ることだけどね」僕はこう言いました。「わかった。サンゴを守るために僕にできることはあるかな？」ケンが言いました。「あるよ。今日地球温暖化のせいで異常気象が以前より頻繁に起こっている。それに，地球温暖化のせいで海水温度が上がっている。もしサンゴを守りたいなら，僕たちは地球温暖化について考えるべきなんだ。地球温暖化を止めるために，僕たちに何ができるかな？」僕は答えました。「電気を使いすぎないようにすればいいと思う」またこうも言いました。「買い物に行くときはマイバッグを持っていき，ビニール袋を使いすぎないようにしないとね。⑻オああ，今わかったけど，日常生活の中でもサンゴを守るためにできることはたくさんあるんだね」ケンは言いました。「気づいてくれてうれしいよ。僕たちは電気や他のものを作る時に温室効果ガスを排出してしまうんだ。だから僕たちの行動について考えること大切なんだよ」僕は「もっと自分の行動について考えることにするよ」と言いました。

去年の夏，お気に入りの地点で泳いだ時，僕は悲しく感じました(＝felt)。地球温暖化のせいでサンゴが死んでいくなんて思っていませんでした。ⅱ今，僕は，同様のことは僕たちの周りの多くの美しいものにも起こる可能性があり，将来それらを見ることができなくなるかもしれないと思っています。僕たちはみんなそのことを理解し，行動を起こすべきなのです。ⅲ僕は去年の夏から少し自分の行動を変えています。そして，みなさんにもそうしてほしいと思っています。そうすれば，みなさんは周りの多くのものを守ることがきると僕は確信しています。

【康太とエミリーの会話の要約】

康太　　：昨日テレビを見たら，地球温暖化のせいで京都では苔が死にかけている寺があるとニュースで言ってたよ。

エミリー：そうなの？私は京都に行くのが好きだよ。そこには苔のおかげでとても素敵に見える庭がたくさんあるの。苔の生えた美しい庭にとって地球温暖化が大きな問題だなんて思っていなかった。今は多くのものにとって地球温暖化は大きな問題だと思うよ。

康太　　：良も同じことに気づいたんだと思う。良はサンゴを見て楽しんでいたけど，サンゴにとって地球温暖化が大きな問題だとは思っていなかったよ。僕たちは将来，ⅱ周りの多くの美しいもの(＝many beautiful things around us)を失う可能性があるから，今，行動を起こすべきだと彼は考えているんだね。君も，苔や苔の生えた美しい庭はそれらの１つだと思うだろ？

エミリー：うん。私も行動を起こす必要があるね。

康太　　：君はⅲ少し行動を変える(＝change your actions a little)といいと思う。良は，そうすればたくさんのものを守ることができると言っているよ。買い物に行くときにマイバッグを持参することは，やるべきことの１つだね。

4 (1) 質問「ユカはエマと一緒に，映画のためにどれくらいの間待たなければなりませんか？」…A「こんにちは，ユカ。待ってたよ」→B「こんにちは，エマ。私たちが見る映画は10時35分に始まるよ。何時に映画館に着いたの？」→A「9時40分に着いたよ。映画が始まるのは10時だと思ってたけど，勘違いだったね」→B「ずっと待っていたんだね。今10時15分だよ。もう少し待たないといけないね」より，イ「20分間」が適当。

(2) 質問「エミリーは兄に何をするよう頼むでしょうか？」…A「どうしたの，エミリー？」→B「ママ，宿題をしてるんだけど難しいよ。今，手伝ってくれる？」→A「ごめんね，できないわ。雨が降り出す前に郵便局に行きたいの。でも，もうすぐお兄ちゃんが帰ってくるから，彼に頼んだらいいわよ」→B「うん，そうするね。雨が降り出す前に家に戻ってこられるといいね」より，ア「彼女は彼に，宿題を手伝ってくれるよう頼む」が適当。

5 【放送文の要約】参照。

(1) 質問「この科学博物館の1階で，人々は何をすることができますか？」…エが適当。

(2) 質問「この科学博物館では今日，何本の映画を上映しますか？」…午後は上映されないから，イが適当。

【放送文の要約】

みなさん，こんにちは。みどり科学博物館へようこそ。この科学博物館では科学に関するたくさんの情報を手に入れることができます。では，この科学博物館の各フロアについて説明します。(1)エ1階にはレストランがあります。2階には2つの部屋があります。それぞれの部屋では自然と科学の歴史について学ぶことができます。その階には書店もあります。書店では科学に関する本を買うことができます。3階には部屋が1つあります。(2)イその部屋では3本の科学映画を見ることができます。最初の映画は午前10時に始まり，約20分間です。2本目の映画は午前11時に始まり，3本目の映画は午後1時に始まります。それらは約40分間です。しかし，今日の午後はその部屋を清掃するため，映画を見ていただくことができません。2階と3階では何も食べてはいけません。何か食べたい場合はレストランをお使いください。ありがとうございました。

6 (1) A「ケイトがこの3月に日本を発つって聞いた？」→B「うん。彼女のために何かするべきだと思うな」→A「彼女と写真を撮って，そこにメッセージを書こうよ。どう思う？」より，ア「賛成。彼女はきっと喜ぶよ」が適当。

(2) A「窓のそばで英語の先生と話している女の子はだれかな？毎週末公園で彼女を見かけるよ」→B「彼女はサキだよ。放課後よく，彼女と一緒に勉強するよ」→A「彼女はいつもかわいい服を着ているね。彼女と話して，どこでそれらを買ったか聞きたいな」より，ウ「彼女たちが話し終わったら，彼女に君を紹介するよ」が適当。

2022 解答例　令和４年度　京都府公立高等学校【前期】

《2022　前期　国語　解答例》

一　(1)Ⅰ．エ　Ⅱ．カ　(2)エ　(3)ウ　(4)ｅ．おちい　ｆ．さかのぼ　(5)ア　(6)担　(7)イ
(8)㊀心の在り方を示すもの　㊁Ｂ．認識の限界を乗り越えること　Ｃ．他者への理解

二　(1)エ　(2)Ⅰ．イ　Ⅱ．ク，コ　(3)ア　(4)イ　(5)Ⅰ．イ　Ⅱ．ク　(6)ア　(7)㊀主観的な評価のゆらぎによって真実が何であるのかが　㊁エ　㊂ウ

三　(1)ア　(2)イ　(3)エ　(4)いうゆえを　(5)㊀立場を問わない　㊁ウ

《2022　前期　数学　解答例》

1　(1)23　(2)$-9a^2$　(3)$5\sqrt{3}$　(4)$x=8$　$y=4$　(5)-14　(6)$(x-y+7)(x-y-7)$　(7)$\frac{1\pm\sqrt{2}}{2}$
(8)30π　(9)ウ→イ→ア

2　(1)$\frac{9}{25}$　(2)$\frac{3}{10}$

3　(1)$\frac{2}{9}$　(2)$\frac{2}{3}x+4$　(3)16

4　(1)△ＡＢＤと△ＡＣＥで，
△ＡＢＣは正三角形だから，ＡＢ＝ＡＣ…①
△ＡＤＥは正三角形だから，ＡＤ＝ＡＥ…②
∠ＢＡＣ＝60°だから，∠ＢＡＤ＝60°－∠ＣＡＤ
∠ＤＡＥ＝60°だから，∠ＣＡＥ＝60°－∠ＣＡＤ
よって，∠ＢＡＤ＝∠ＣＡＥ…③
①，②，③から，２組の辺とその間の角が，それぞれ等しいので，△ＡＢＤ≡△ＡＣＥ
(2)49：18

5　(1)$2\sqrt{2}$　(2)$6\sqrt{7}$　(3)$\frac{32\sqrt{3}}{5}$

6　(1)4　(2)21　(3)最小の値…$6a-6$　最大の値…$6a+1$

《2022　前期　英語　解答例》

1　(1)When did she bring　(2)(a)May I speak to　(b)take care of my dog

2　(1)ア　(2)December　(3)ウ　(4)ウ

3　(1)イ　(2)B　(3)②wearing　⑥taught　(4)ウ→オ→カ→イ→エ→ア　(5)エ　(6)Ⅰ群…エ　Ⅱ群…カ
(7)(a)No, it wasn't.　(b)She was looking at the white strawberries.　(8)エ，オ　(9)(a)ア　(b)the experience on a spring day　(c)many questions about strawberries

4　(1)イ　(2)エ

5　(1)エ　(2)ア

6　(1)ウ　(2)ア

2022 解説 令和４年度 ▶ 京都府公立高等学校【前期】

←解答例は前ページにありますので，そちらをご覧ください。

《2022　前期　国語　解説》

一 (2)　傍線部ｂまでの内容を参照。「傷つけるつもりはなくとも人を傷つけてしまったり～逆恨みされてしまう」などの、他者と交流する際の「すれ違いやトラブル」によって生じる痛みである。「とりわけ、異なる価値観や立場の人が相手である場合～言葉を届けようとしてもうまく届かない」とあるから、「他者と～食い違い」とある、エが適する。

(3)　(3)の文は、傍線部ｃの１～４行後までの内容をまとめたものである。筆者は、他者との関係で感じる痛みの意味が「『あった』にすぎない」ということは、そこが「関係性の限界」であったということであり、「その限界を超えようと思うのであれば～痛みとして認めつつ、相手の重要性と自身の願いを自覚し、そのうえで、『自身がどうすべきか』を問い直す必要があるだろう」と述べている。この下線部の内容に合う、ウが適する。

(5)　「うまく」は、後の「生きて」を修飾している(くわしく説明している)。よって、アの「修飾・被修飾の関係」が適する。　イ．「補助の関係」は「生きて／いる」のように、下の文節が上の文節を補足する関係。ウ．「主語・述語の関係」は、「花が／咲く」のような、主語と述語の関係。　エ．「並立の関係」は、「お茶と／ジュースが／ある」の「お茶と」「ジュースが」のように、２つの文節が対等に並ぶ関係。

(7)　直前の２文の「それを問いかける側の理屈になんらかの欠点・難点があることを指摘したり～『人でなし』～『差別主義者』などのレッテルを一方的に貼りつけてその言説を無効化しようとするものである。そして、『こちらが問われるべきことなどないんだ』と安心感に浸ることでその痛みを回避」することを指している。「人でなし」「差別主義者」などは、相手を悪くいう言葉。また、「レッテルを貼る」は、一方的にある評価・判断を下すこと。よって「問う者を非難したりして」とある、イが適する。　ア．このようなことは書かれていない。　ウ．「問う者に一方的な評価を加えるために」とあるが、そのことが目的ではないので適さない。　エ．「真意を解明したりして」が本文にない内容。

(8)㊀　第２段落の「それは『分かりたかった』『分かってほしかった』という自分の心の在り方を示すもの」より抜き出す。「『分かりたかった』『分かってほしかった』」が、会話文では「相互理解を求めていた」と言いかえられている。　㊁　唯さんの発言は、本文の傍線部ｇの２～４行後の「その痛みに耐えながらも～それまでの限界を乗り越えたとき、あなたにとっての世界は拡《ひろ》がってゆくだろう。それは、価値観が豊かになり、他人をより良く理解することにもつながる」をまとめたものである。唯さんの発言の「自分の世界は～大きくなり」が、本文の「あなたにとっての世界は拡がってゆく」、「ものの見方を多様化して」が、本文の「価値観が豊かになり」と同じことを言っていることに気づけると良い。

二 (1)　直後の「正面を鏡に映した、客観的視点から自己を見つめる自画像に慣れているからでしょう」と、2段落最後の「『私』の見ている主観的な世界の境界は、なかなか意識にのぼりません」より、エが適する。マッハは鏡に映った自分ではなく、自分の目にそのまま見える「主観的な世界」を描くことで、自分と世界の境界を意識させた。

(2)　動詞の活用の種類は、後に「ない」をつけて見分けるとよい。「閉じる」に「ない」をつけると、「閉じない」となり、「ない」の直前(未然形)が「イ段」の音になるので、上一段活用。ク「浴びる」(「浴びない」)、コ「飽きる」(「飽きない」)も同様。

(3)　5段落の「人間の五感は身体に備わったセンサーです」「身体そのものを道具として、世界を測ろうとします」「手が届かなくても、目や耳を使って、大きさや形、距離などを感じることができるものもあります」より、アが適する。

(4)　助動詞の「そうです(そうだ)」には、「様態」(そういう様子だという不確実な判断を表す)と、「伝聞」(人から聞いたという意味)の２つの意味用法がある。傍線部ｄとイは、自分で見て判断しているので、「様態」。他は人から聞いたことを言っているので、「伝聞」。また、「様態」の場合は、動詞の連用形などに、「伝聞」の場合は、用言などの終止形に接続することからも見分けられる。

(5)　［　　　］の前では、測ろうとする対象は、外的な対象と、内的な対象とに「分けられそうです」と述べているが、後では、「双方は関連し合っているので、そう単純に分けられそうにはありません」と、反対のことを述べている。

(7)㊀　人間を万物の尺度にできないのは、時間のように、主観的な量(自分の感じる時間)と客観的な量(時計で計る時間)のズレが生まれる場合があるからである。つまり、「主観的な評価のゆらぎ」がある。だから、10段落では「真実がなんであるのかがあいまいにされ」ると述べている。　㊁　最後の段落の「見慣れた『我々』以外を『人間』として迎え入れるかどうか、『我々』の境界線が外の世界との関係をつくっていきます。『人間』の構成が変わるとき、『万物』の尺度にも動揺が生じるのでしょう」より、エが適する。「人間以外の生命体」と出会ったときに、人間の文化文明の形が浮かびあがるのだから、この「我々」とは、アの「よく見知った一部の人間」、イの「同じ文化を共有する人間」を指すのではなく、地球の人間全体を指す。ウの「相互理解が深まり」ということは書かれていない。

三　(1)　直訳すると「情けをこえる忘れ形見《がたみ》はないものだ」。「忘れ形見」は、忘れないように残す記念の物。情け以上にその人を思い出させる物はないということなので、アが適する。

(2)　直前で、人が自分を悪くあつかっても、情けをほどこせば人はしたがうと言っている。情けをかけることの大切さを説いているから、〝「仇《あだ》」に「恩」で報いる〟となる。

(4)　古文で言葉の先頭にない「はひふへほ」は、「わいうえお」に直す。また、古文の「わゐうゑを」は、「わいうえお」に直す。

(5)㊀　中国の政治家や武将が情け深い行動をとり、人々から慕われた例をあげ、「普通の人」もそうあるべきだと説き、「他人のことだと考えてはいけない」と言っているので、行う人の「立場を問わない」という内容が入る。

㊁　思慮分別のない「みどり子」や「六畜」は、理由をわかっていなくても、情けを尽くせば親や飼い主を慕う。まして、思慮分別のある人間なら、情けを尽くされたことを理解した上で、相手を慕うだろうということ。

【古文の内容】

召伯《しょうはく》の政治はおだやかだったので、その州の民は(召伯にゆかりのある)ヤマナシの木の詩を作ってうたい、羊祜《ようこ》の慈悲の心はひろかったので、弟子たちが羊祜ゆかりの峴亭《けんてい》という山に石碑をたてた。亡くなった後までも、情けはその人を最も思い出させるものである。

おおよそのことは、普通の人でも情けを優先すべきである。人が、自分を悪くあつかっても、自分が、情けをほどこせば、人はかえってしたがう。「仇には恩をもって報いるべし」と言う。廉頗《れんぱ》が謝罪するために、とげのある植物を自ら背負った例は、人の心によっては、今の世の中でもあることだろう。他人のことだと考えてはいけない。どうして、(廉頗が謝罪した相手の)藺相如《りんそうじょ》だけのことであろうか。

幼児は、親だからという理由を知らないけれど、優しく愛情を注ぐことで(親に)したがう。六種の家畜は主人ということを理解していないけれども、(主人の)愛情を知ってなじんで親しくする。ましてや、心のある人間についてはいうまでもない。

1 (1) 与式$=25-8\div4=25-2=23$

(2) 与式$=\dfrac{3ab}{2}\times\dfrac{6}{ab^2}\times(-a^2b)=-9a^2$

(3) 与式$=\sqrt{6}\times\sqrt{6\times3}-\dfrac{9}{3\sqrt{3}}=6\sqrt{3}-\dfrac{3}{\sqrt{3}}=6\sqrt{3}-\dfrac{3\sqrt{3}}{3}=6\sqrt{3}-\sqrt{3}=5\sqrt{3}$

(4) $3x-(y+8)=12$ より，$3x-y-8=12$　$3x-y=20$…①　$x-2y=0$…②とする。

①×2−②でyを消去すると，$6x-x=40-0$　$5x=40$　$x=8$

②に$x=8$を代入すると，$8-2y=0$　$2y=8$　$y=4$

(5) **【解き方】1次関数$y=-\dfrac{7}{3}x+5$のグラフは直線であり傾きが$-\dfrac{7}{3}$だから，xが1増えるとyは$-\dfrac{7}{3}$増える。**

xが6増加したときのyの増加量は，$-\dfrac{7}{3}\times6=-14$

(6) 与式$=(x-y)^2-7^2=\{(x-y)+7\}\{(x-y)-7\}=(x-y+7)(x-y-7)$

(7) 2次方程式の解の公式より，$x=\dfrac{-(-4)\pm\sqrt{(-4)^2-4\times4\times(-1)}}{2\times4}=\dfrac{4\pm\sqrt{32}}{8}=\dfrac{4\pm4\sqrt{2}}{8}=\dfrac{1\pm\sqrt{2}}{2}$

(8) **【解き方】底面の半径が3cm，母線の長さが5cmの円すいの展開図は右図のようになる。**

側面のおうぎ形の面積の2倍を求めればよい。

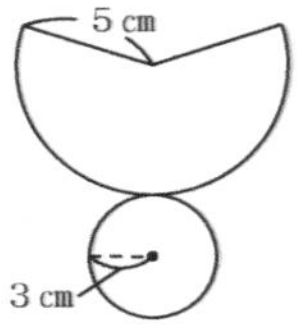

側面のおうぎ形の弧の長さは底面の円周に等しく，$2\pi\times3=6\pi$(cm)

おうぎ形の面積は$\dfrac{1}{2}\times$(弧の長さ)×(半径)で求められるから，側面積は，

$\dfrac{1}{2}\times6\pi\times5=15\pi$(cm²)

なお，円すいの側面積は，(底面の半径)×(母線の長さ)×πで求めることができるので，側面積は，

$3\times5\times\pi=15\pi$(cm²)と求めることもできる。　よって，求める表面積は，$15\pi\times2=30\pi$(cm²)

(9) (ア)平均値は，$(0\times14+1\times13+2\times12+3\times2+4\times1)\div42=47\div42=1.11\cdots$(点)

(イ)42個のデータの中央値は，$42\div2=21$より，大きさ順に並べたときの21番目と22番目の平均である。0点未満が14試合，1点未満が$14+13=27$(試合)だから，21番目と22番目はともに1点なので，中央値は1点。

(ウ)最頻値は，最も度数が大きい0点。　よって，値の小さい順に，(ウ)→(イ)→(ア)

2 (1) **【解き方】1回目と2回目で同じ玉を取り出すことがありえるので，表にまとめて考える。**

2個の黒玉を1，3，3個の白玉を①，③，⑤とすると，すべての取り出し方は右表のように$5\times5=25$(通り)ある。そのうち条件に合う取り出し方は，○印の9通りだから，求める確率は，$\dfrac{9}{25}$

		2回目				
		1	3	①	③	⑤
1回目	1	○		○		
	3		○		○	
	①	○		○		
	③		○		○	
	⑤					○

(2) **【解き方】同じ玉を2個取り出すことはありえないので，樹形図にまとめて考える。**

2個の黒玉を1，3，3個の白玉を①，③，⑤とし，すべての取り出し方とそれぞれのa，bの値をまとめると，右図のようになる。

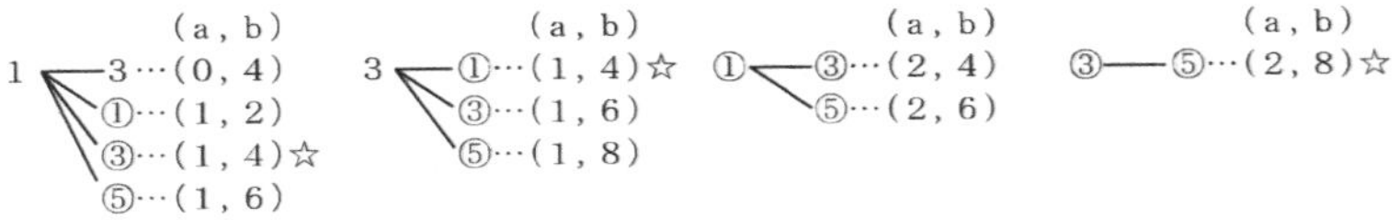

すべての取り出し方は10通りあり，そのうち$4a=b$となるのは☆印の3通りだから，求める確率は，$\dfrac{3}{10}$

3 (1) $y=ax^2$のグラフはA$(-3,\ 2)$を通るから，$y=ax^2$に$x=-3$，$y=2$を代入すると，

$2=a\times(-3)^2$より，$a=\dfrac{2}{9}$

(2) **【解き方】直線ABの式を$y=cx+d$とし，A，Bの座標を代入してc，dの連立方程式を立てる。**

$y=\dfrac{2}{9}x^2$にBのx座標の$x=6$を代入すると，$y=\dfrac{2}{9}\times6^2=8$となるから，B$(6,\ 8)$である。

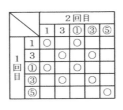

$y＝cx＋d$にAの座標を代入すると，$2＝-3c＋d$，Bの座標を代入すると，$8＝6c＋d$となる。
これらを連立方程式として解くと，$c＝\frac{2}{3}$，$d＝4$となるから，直線ABの式は，$y＝\frac{2}{3}x＋4$

(3) **【解き方】x軸についてCと対称な点Eをy軸上にとると，CD＝EDとなるから，BD＋CD＝BD＋EDが最小となるのは，3点B，D，Eが一直線上にあるときである。Eの座標→直線BEの式→Dの座標→△BCEの面積→△DCEの面積→△BCDの面積，の順に求める。**

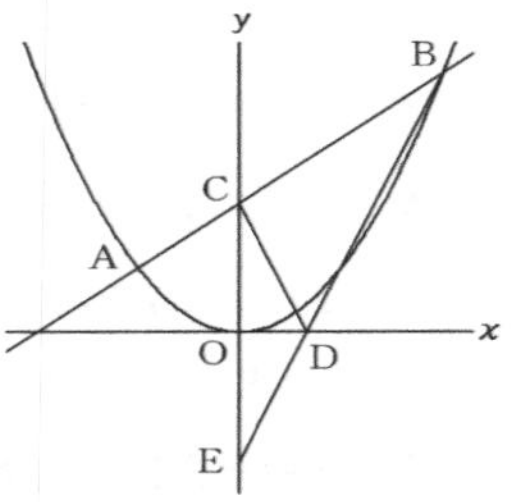

Cは直線ABの切片だから，C(0，4)なので，E(0，−4)
直線BEは切片が−4だから，その式を$y＝mx-4$とし，Bの座標を代入すると，
$8＝6m-4$より，$m＝2$
直線BEの式$y＝2x-4$にDのy座標の$y＝0$を代入すると，$0＝2x-4$より，$x＝2$，D(2，0)
$△BCE＝\frac{1}{2}×CE×(Bのx座標)＝\frac{1}{2}×\{4-(-4)\}×6＝24$
$△DCE＝\frac{1}{2}×CE×(Dのx座標)＝\frac{1}{2}×8×2＝8$　　よって，$△BCD＝△BCE-△DCE＝24-8＝16$

4 (1) まず，問題文の仮定を図にかきこんで，証明のために必要な条件を探そう。条件が足りない場合は，問題の内容に応じて，図形の性質，平行線の同位角・錯角，円周角の定理などからわかることもかきこんでみよう。

(2) **【解き方】$BD＝7x$，$DC＝2x$，$BC＝7x＋2x＝9x$とし，EC，CFの長さをそれぞれxの式で表す。**

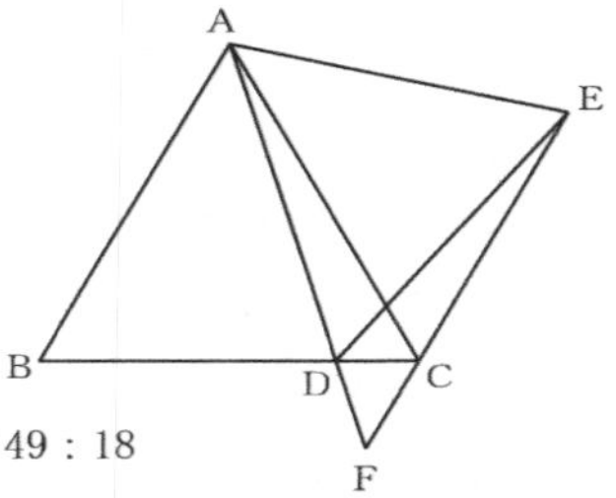

△ABD≡△ACEより，$CE＝BD＝7x$，$∠ACE＝∠ABD＝60°$
$∠BAC＝∠ACE＝60°$だから，錯角が等しいので，AB//EC
したがって，△ABD∽△FCDだから，AB：FC＝BD：CDより，
$9x：FC＝7：2$　　$FC＝\frac{9x×2}{7}＝\frac{18}{7}x$　　よって，$EC：CF＝7x：\frac{18}{7}x＝49：18$

5 (1) △EIJにおいて，$∠IEJ＝90°$，$EI＝EJ＝4÷2＝2$(cm)だから，△EIJは直角二等辺三角形なので，$IJ＝\sqrt{2}EI＝2\sqrt{2}$(cm)

(2) **【解き方】三平方の定理より，$BI＝\sqrt{BF^2＋FI^2}＝\sqrt{(2\sqrt{3})^2＋2^2}＝4$(cm)，同様にDJ＝4cmだから，四角形BDJIは平行ではない2辺の長さが等しい台形(等脚台形)である。**
したがって，右のように作図すると，$PQ＝IJ＝2\sqrt{2}$cm，BP＝DQとなる。

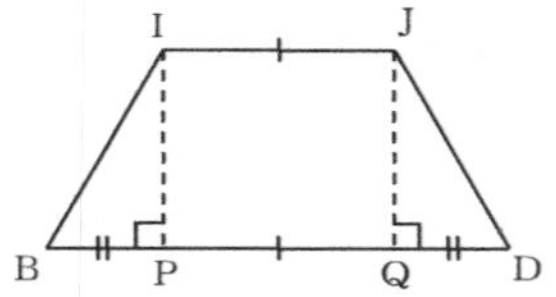

△ABDは直角二等辺三角形だから，$BD＝\sqrt{2}AB＝4\sqrt{2}$(cm)
したがって，$BP＝DQ＝(BD-PQ)÷2＝(4\sqrt{2}-2\sqrt{2})÷2＝\sqrt{2}$(cm)
三平方の定理より，$IP＝\sqrt{BI^2-BP^2}＝\sqrt{4^2-(\sqrt{2})^2}＝\sqrt{14}$(cm)
よって，台形BDJIの面積は，$\frac{1}{2}×(2\sqrt{2}＋4\sqrt{2})×\sqrt{14}＝6\sqrt{7}$(cm²)

(3) **【解き方】四角すいKEFGHの底面積はすぐに求められるので，面EFGHからKまでの高さを知りたい。KはAG上の点だから，平面AEGC上にあるので，平面AEGC上で考える。右図①のように記号をおくと，AGとLNが交わるのだから，KはAGとLNの交点とわかる。AC//EGだから，△ALK∽△GNKなので，この相似比を考える。**

図①
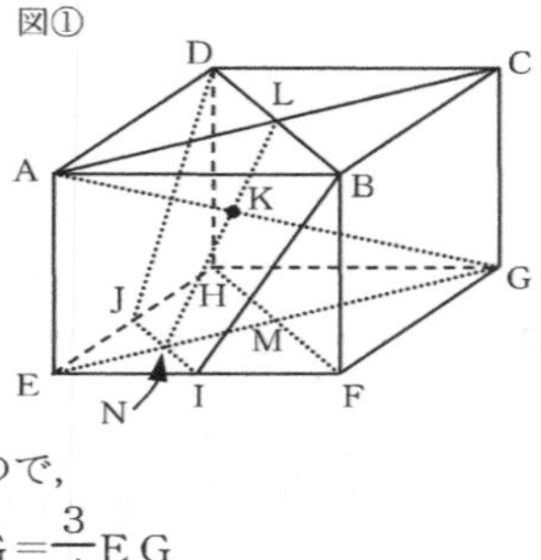

L，Mはそれぞれ正方形の対角線の交点だから，対角線の中点である。
△EIN∽△EFMで相似比がEI：EF＝1：2だから，EN：EM＝1：2なので，
$EN＝\frac{1}{2}EM＝\frac{1}{2}×\frac{1}{2}EG＝\frac{1}{4}EG$　　これより，$GN＝EG-EN＝EG-\frac{1}{4}EG＝\frac{3}{4}EG$

△ＡＬＫ∽△ＧＮＫだから，

$AK : GK = AL : GN = \frac{1}{2}AC : \frac{3}{4}EG = \frac{1}{2}AC : \frac{3}{4}AC = 2 : 3$

平面ＡＥＧＣ上で右図②のように作図すると，△ＡＫＳ∽△ＧＫＴだから，

$SK : TK = AK : GK = 2 : 3$

よって，$TK = \frac{3}{2+3}ST = \frac{3}{5} \times 2\sqrt{3} = \frac{6\sqrt{3}}{5}$(cm)だから，

四角すいＫＥＦＧＨの体積は，$\frac{1}{3} \times (4 \times 4) \times \frac{6\sqrt{3}}{5} = \frac{32\sqrt{3}}{5}$(cm³)

図②

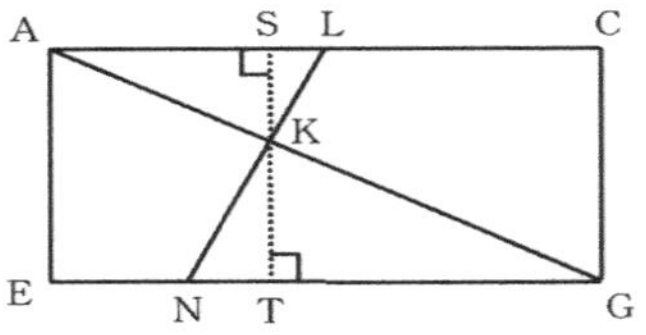

6　(1)　**【解き方】長いすＡがx脚，長いすＢがy脚とすると，$2x+3y=20$となる(x，y)の組み合わせの数を求めればよい。最初にyが最大となる組み合わせを探す。そのあと，Ａ３脚とＢ２脚に座れる人数が同じ６人になることから，xを３増やしてyを２減らす操作を繰り返す。**

yの最大値は，20÷３＝６余り２より，$y=6$である。$2x+3y=20$に$y=6$を代入すると，

$2x+18=20$　　$2x=2$　　$x=1$　　したがって，$(x, y)=(1, 6)$から始まり，xを３増やしてyを２減らす操作を繰り返すと，$(x, y)=(1, 6)(4, 4)(7, 2)(10, 0)$の４通りが見つかる。

(2)　**【解き方】(1)と同様に考える。**

yの最大値は，127÷３＝42余り１より，$y=42$である。しかし，$y=42$とするとxが整数にならないので，yを１減らして$y=41$とする。$2x+3y=127$に$y=41$を代入すると，$x=2$となる。

$(x, y)=(2, 41)$から始まり，xを３増やしてyを２減らす操作を繰り返すと，41÷２＝20余り１より，この操作を20回行うことができる。よって，(２，41)から(62，１)まで１＋20＝21(通り)の組み合わせがある。

(3)　**【解き方】(1)，(2)をふまえる。yの最小値は０か１だから，それぞれで場合を分けてyの最大値をａの文字式で表す。また，xの最小値にもいくつかの場合があることに注意して，ｎの最小値と最大値を考える。**

組み合わせがａ通りあるのだから，yの最大値は，yの最小値に２を(ａ－１)回足すことで求められる。

yが最小となる組み合わせから，xを３減らしてyを２増やす操作を繰り返すと考えると，

yの最小値が０のとき，yの最大値は，$0+2(a-1)=2a-2$…①

yの最小値が１のとき，yの最大値は，$1+2(a-1)=2a-1$…②

yが最大となるのはxから３を引けなくなったときだから，xの最小値は，０か１か２である。

よって，ｎが最小となるのは，yの最大値が①，②のうち小さい方の$2a-2$で，xの最小値が０，１，２のうち最小の０のときだから，$n=2\times0+3\times(2a-2)=6a-6$

ｎが最大となるのは，yの最大値が①，②のうち大きい方の$2a-1$で，xの最小値が０，１，２のうち最大の２のときだから，$n=2\times2+3\times(2a-1)=6a+1$

《2022　前期　英語　解説》

1　(1)　④の「彼女はだいたい１時間前にそれを持ってきてくれたわ」より，「彼女はいつそれを学校に持ってきてくれましたか？」＝When did she bring it to this school?という疑問文にする。

(2)(a)　直後のフェリックスの「僕だよ」より，①には「フェリックスをお願いします」＝May I speak to Felix, please?が入る。　　(b)　絵と直後の具体例より，フェリックスは犬の世話をしなければならないと考えられる。「犬の世話をしなければなりません」＝I have to take care of my dog.　take care of は look after でもよい。

2　【本文の要約】参照。

(1)　会話の流れから，大地はカーターをランニングイベントに誘ったと考えられる。ア「一緒にやってみない？」

が適当。

(2) リストの上の２つに参加できないことがわかったので，リストの下の３つの中から選ばなければならない。下の３つのランニングイベントはいずれも「12 月」＝December に開催される。

(3) カーターは３km，大地は 10 kmの部門に参加する。ウ～オのうち，これらの部門があるのはウかオである。カーターの７回目の発言より，午前中に始まるオには参加できないことがわかるので，ウが適当。

(4) ア×「カーターは，以前にリストにあるランニングイベントのひとつに参加しました」…本文にない内容。
イ×「カーターは毎週土曜日にＡＢＣスタジアムでサッカーの試合に参加します」…本文にない内容。　ウ○「大地は兄からむこマラソンの情報を入手しました」　エ「大地は自分たちが選んだランニングイベントで×３キロの部門に挑戦します」

【本文の要約】

カーター：君は電話で何を見ているの？

大地　　：僕は街周辺で行われるランニングイベントのリストを見ているんだ。ここ２か月間に催されるランニングイベントを確認したら，５つのランニングイベントが見つかったんだ。それらの１つに参加しようと思っているんだ。①ア一緒にやってみない？

カーター：ああ，いいね！これらの５つのランニングイベントのうち，どのイベントに参加する？

大地　　：そうだね，去年このランニングイベントに参加したよ。走りながら美しい川を見たんだ。あれは素晴らしかった。このランニングイベントにまた参加したいな。君はどう？

カーター：うーん，ごめん。毎週土曜日にギターのレッスンがあるから，土曜日に催されるランニングイベントには参加できないんだ。

大地　　：なるほど。じゃあ，これはどう？リストでは，４つの部門から１つを選べると書かれているよ。イベントは午後３時に始まって，夕焼けを見ることができるんだ。

カーター：いいね！やってみたいな。

大地　　：あ，見て！リストには，20 歳以上の人が参加できると書いてあるから，僕らは 17 歳だから参加できないね。別のものを見つけないと。

カーター：じゃあ②12 月(＝December)に開催されるランニングイベントを選ばないといけないんだね？

大地　　：そうだね。どの部門に参加したい？僕は去年５キロを走ったけど，今年はもっと長距離の部門に挑戦したいんだ。

カーター：ランニングイベントに参加するのはこれが初めてだから，僕は長距離の部門に挑戦するのは難しいな。３キロか５キロくらいの短い部門がいいと思う。

大地　　：そうだね。このイベントはどう？その日は空いてる？

カーター：いや，その日は朝から友達とサッカーの試合を見にＡＢＣスタジアムに行くんだ。このランニングイベントは午前中に始まるから，参加できないよ。

大地　　：なるほど。別のものにしよう。

カーター：このランニングイベントはどう？

大地　　：(4)ウむこマラソンのこと？去年兄が参加したよ。山道を登ったり下ったりしなければならないから，走りの経験が少ない人にはとても大変だと言ってたよ。

カーター：本当に？それなら，このランニングイベントを選ぶべきだと思うな。

大地　　：僕もそう思う。ついに参加するランニングイベントが決まったね！どの部門で走る？

カーター：僕は３キロの部門に挑戦するよ。君は？

大地　　：僕は 10 キロの部門にするよ。ランニング用の靴は持ってる？

カーター：いや，ないよ。今日は金曜日だから，明日，イベント用の新しい靴を買いに行こう。

大地　　：そうしよう。

3　【本文の要約】参照。

⑴①　・don't have to ～「～する必要がない」　⑦　・sound＋形容詞「～に聞こえる／～そうだ」

⑵　「きっと私の農園でイチゴ狩りを楽しんでいただけると思います」が入るのは，森さんがイチゴ狩りの方法を説明しているＢが適当。

⑶②　現在分詞(＝wearing)と語句(＝a red cap)がうしろから名詞(＝man)を修飾する形にする。

⑥　過去の文だから，過去形の taught が適当。　・teach＋人＋もの／こと「(人)に(もの／こと)を教える」

⑷　・show＋人＋もの「(人)に(もの)を見せる」　・how to ～「～する方法」

⑸　直前のアキラの言葉に対して，美来も同じように思っていたということである。

⑹ i 群　下線部⑤の直前の１文に「晴れた冬の日の太陽の色」という表現がある。　ii 群　下線部⑤と同じ文の後半部分より，〈… if ～〉「もし～ならば，…」の形にする。　「美来は，白いイチゴと花の色はちがっていると思いました。彼女は白いイチゴの色を伝えるために，[i エ空に見える（＝we can see in the sky）]ものの言葉を使いました。彼女は[ii カもし(＝if)]人々が農園を訪れ，白いイチゴと花を見る機会があれば，同じことを考えるだろうと思っています」

⑺(a)　「指でイチゴを摘むのは美来にとって難しかったですか？」…第３段落２～３行目より，No で答える。

(b)　「ビニールハウス２で森さんが美来と弟に話しかけたとき，彼女は何を見ていましたか？」…第４段落７～８行目より，見ていたのは白いイチゴである。

⑻　ア「イチゴ狩りの話を聞いて，アキラはうれしそうだったが，×森さんの農園には行かなかった」　イ「アキラがそうしたかったので，美来とアキラは×最初に白いイチゴのビニールハウスを訪れました」　ウ「ビニールハウス２で，美来は最初に作られた品種の赤いイチゴに名前を付けました」…本文にない内容。　エ○「美来は，今までこの世になかったものを作るには，多くの時間がかかることがあることを学びました」　オ○「美来は森さんの農園でイチゴについて学べたことをうれしく思いました」

⑼　【隼とアビーの会話の要約】参照。

(a)　第５段落３～５行目より，イチゴは藍によって大きく育つので，アが適当。　(b)　第６段落４～６行目参照。the strawberry picking there「そこでのいちご狩り」は語数が合わないので，それを言いかえた the experience on a spring day「春の日の体験」を抜き出す。　(c)　最終段落で，美来は３つの例を挙げてイチゴにまつわる疑問が生じたことを説明している。many questions about strawberries「イチゴにまつわるたくさんの疑問」などが適当。

【本文の要約】

ある春休みの暖かく晴れた日に，家族でイチゴ狩りに行きました。父の友達のひとりである森さんは，イチゴ農園を所有していて，私たちを農園に招待してくれました。イチゴ狩りについて聞いたとき，弟のアキラはうれしそうでしたが，私は農園を訪れることに興味がありませんでした。私は思いました。「スーパーでイチゴが買えるから，イチゴを食べるために農園に行く[⑴①イ必要はない(＝don't have to)]じゃない」すると，父は言いました。「彼の農園ではイチゴの白い品種が楽しめるんだよ」私は思いました。「イチゴの白い品種？それって何？」

農園に着くと，赤い帽子②をかぶった(＝wearing)男の人が待っていました。彼が森さんで，私たちをビニールハウスへ連れて行ってくれました。彼は私たちと農園を訪れていた他の人々に向かって言いました。「みなさん，こんにちは。本日はご来場ありがとうございます。ここでは，イチゴの赤い品種とイチゴの白い品種の両方を楽しむことができます。みなさんにイチゴの採り方を説明しますね。イチゴを見つけたら，指でつまんで上に向けて引っ張ります。そうすれば，簡単に摘み取ることができます。ビニールハウス１の赤いイチゴとビニールハウス２の白いイチゴをお楽しみください。【B】きっと私の農園でイチゴ狩りを楽しんでいただけると思います。アキラは言いました。「一緒に行こう，美来。最初に赤いイチゴを採りたいな」

ビニールハウス１には真っ赤なイチゴがたくさんありました。大きな赤いイチゴを見つけたとき，かわいい白い花も見つけました。花を見て楽しんでから，イチゴを摘みました。(7)(a)指で簡単に摘むことができ，たくさん食べました。アキラは言いました。「(5)エこの農園のイチゴが僕の人生で一番おいしいよ。とてもおいしいんだ。想像していなかったよ」私も同じように思いました。農園で摘んだばかりの果物はおいしいと多くの人が言いますが，今はなぜみんながそう言うのかわかります。

次に，白いイチゴのビニールハウスに行きました。大きな白いイチゴを見つけたとき，また白い花を見かけました。花の色とイチゴの色が少し違うことがわかりました。イチゴは黄色と白の中間色で，(6)ⅰエ晴れた冬の日の太陽の色のようでした。(6)ⅱカ農園に行って白いイチゴと花を見れば，みんなが私の考えを理解してくれると思います。私は思いました。「ここの白いイチゴに名前を付けるとしたら，『明るいイチゴ』かしら」花とイチゴを見て楽しんだあと，イチゴを摘みました。とても美味しかったです。私はたくさん食べて，あとから家で絵を描くためにもう一度白いイチゴを見ました。それらを見ていると，森さんが来て尋ねました。「イチゴの白い品種を以前に食べたことがある？」私は言いました。「いいえ，ここで初めて食べました」彼は言いました。「最初の白いイチゴは日本で作られたんだ。ここの白いイチゴは最初に作られた品種ではないけど，友達から聞いたことがある。それらを作るのに 20 年くらいかかったそうだよ」「20 年！そんなに長い間！」私は驚きました。(8)エ新種を開発するには時間がかかることがあるとわかりました。

私たちが森さんと話をしたとき，彼は他にもイチゴにまつわる面白いこと⑥を教えてくれました(＝taught)。例えば，彼の農園では，より大きなイチゴを実らせ，より多くのイチゴを摘むために藍が使われています。はじめは，イチゴをカビから保護するために藍の成分を利用する農家がいました。(9)(a)すると，自分たちのイチゴが大きく育つことに気づいた農家がありました。今では，藍には植物の成長に役立つ成分が含まれていると科学者は考えています。

(8)オイチゴについて興味深いことをいくつか学べてうれしく思い，家に帰ってから多くの疑問を持ちました。「なぜ赤いイチゴは赤いんだろう？」「日本には何種類のイチゴがあるんだろう？」「家で普段食べているイチゴの名前は何だろう？」多くの疑問がふくらみました。農園に行く前は，赤いイチゴの色や形は知っていましたが，こんな疑問は思いつきませんでした。そこでのイチゴ狩りは私にとってある意味「藍」みたいなものだと思いました。春の日の体験のおかげで，今ではやってみるまでは(1)⑦イ楽しく(＝fun)なさそうだったものから，たくさんのことを学ぶことができると思っています。

【隼とアビーの会話の要約】

隼　　：スピーチの最後の部分で，彼女は「藍」という言葉を自分なりの方法で使ったね。

アビー：それについて一緒に考えてみよう。

隼　　：うーん，最初は農家は別の理由で藍を使用したけど，それを使ってイチゴをⅰより大きく(＝larger)したり，もっと多くのイチゴを収穫したりできることに気づいたね。

アビー：そうだね。それで美来は，何かの成長を助けるものに「藍」という言葉を使ったんだね。最後の部分では，彼女にとってⅱ春の日の体験が「藍」であったことを理解すべきだよ。

隼　：では，彼女にとって，「藍」の助けを借りて何が「育った」の？

アビー：彼女が農園を訪れたあと，ⅲイチゴにまつわるたくさんの疑問が育ったね。彼女は最後の部分で私たちに３つの例を挙げたよ。

4 (1) 質問「カナはサキとエマから誕生日に何を受け取りますか？」…A「こんにちは，エマ。カナの誕生日に何を買う？」→B「こんにちは，サキ。私は先週，茶色の帽子と黒いかばんを見つけたわ」→A「あら，私は昨日買い物に行って，彼女のために青い帽子を買ったわ」→B「わかった，それならかばんだけを買うわ。彼女がそれを気に入るといいけど」より，イ「青い帽子と黒いかばん」が適当。

(2) 質問「昨日の午後，ハルコはどこへ行きましたか？」…A「昨日の朝，あなたを見かけたわ，ハルコ」→B「本当に？あなたも図書館にいたの，メグ？」→A「いいえ，でも午後に行ったわ。ウメ公園に行って，そこであなたを見かけたの」→B「ええと，あなたは私の妹を見かけたんじゃないかしら。私は昨日そこに行かなかったわ。午後に叔母が私の家に来て，一緒に美術館を訪れたの」より，エ「彼女は叔母と博物館へ行きました」が適当。

5 【放送文の要約】参照。

(1) 質問「来週の木曜日に雨が降った場合，このクラブの何人の生徒がミドリ駅を訪れますか？」…エ「８人」が適当。

(2) 質問「このクラブの生徒は来週の火曜日に何をしますか？」…アが適当。

【放送文の要約】

みなさん，こんにちは。今日の活動を始める前に，来週何をするかを話します。今日は木曜日で，来週の木曜日にはワカバ駅とミドリ駅で外国人に英語でインタビューをします。このクラブには８人の部員がいるので，２つのグループを作ります。グループはＡとＢで，各グループには４人の部員がいます。グループＡはワカバ駅を訪問し，グループＢはミドリ駅を訪問します。ただし，(1)エ雨天の場合はワカバ駅には行かず，２グループともミドリ駅に行きます。それで，(2)ア来週の火曜日は外国人への質問について考えましょう。私たちの英語の先生であるグリーン先生が，私たちを手伝ってくれます。彼女は昨年の活動の写真を何枚か見せて，活動がどうだったかを教えてくれます。それでは，グループを決めましょう。行きたい駅を教えてください。

6 (1) A「お電話ありがとうございます。何かお困りですか？」→B「そちらのウェブサイトで本を買いましたが，まだ届いていません」→A「いつそれらを購入されたか覚えていらっしゃいますか？」より，ウ「確かではありませんが，だいたい１週間前に買いました」が適当。

(2) A「おはよう，ジュディ。あら，大丈夫？」→B「ああ，リカ。私はたった今，電車に鍵を置き忘れてしまったの」→A「心配いらないわ。私が駅員にあなたの鍵について伝えるわ」より，ア「ありがとう。すぐに戻ってくるといいけど」が適当。

■ ご使用にあたってのお願い・ご注意

（1）問題文等の非掲載

著作権上の都合により，問題文や図表などの一部を掲載できない場合があります。
誠に申し訳ございませんが，ご了承くださいますようお願いいたします。

（2）過去問における時事性

過去問題集は，学習指導要領の改訂や社会状況の変化，新たな発見などにより，現在とは異なる表記や解説になっている場合があります。過去問の特性上，出題当時のままで出版していますので，あらかじめご了承ください。

（3）配点

学校等から配点が公表されている場合は，記載しています。公表されていない場合は，記載していません。
独自の予想配点は，出題者の意図と異なる場合があり，お客様が学習するうえで誤った判断をしてしまう恐れがあるため記載していません。

（4）無断複製等の禁止

購入された個人のお客様が，ご家庭でご自身またはご家族の学習のためにコピーをすることは可能ですが，それ以外の目的でコピー，スキャン，転載（ブログ，ＳＮＳなどでの公開を含みます）などをすることは法律により禁止されています。学校や学習塾などで，児童生徒のためにコピーをして使用することも法律により禁止されています。
ご不明な点や，違法な疑いのある行為を確認された場合は，弊社までご連絡ください。

（5）けがに注意

この問題集は針を外して使用します。針を外すときは，けがをしないように注意してください。また，表紙カバーや問題用紙の端で手指を傷つけないように十分注意してください。

（6）正誤

制作には万全を期しておりますが，万が一誤りなどがございましたら，弊社までご連絡ください。
なお，誤りが判明した場合は，弊社ウェブサイトの「ご購入者様のページ」に掲載しておりますので，そちらもご確認ください。

■ お問い合わせ

解答例，解説，印刷，製本など，問題集発行におけるすべての責任は弊社にあります。

ご不明な点がございましたら，弊社ウェブサイトの「お問い合わせ」フォームよりご連絡ください。迅速に対応いたしますが，営業日の都合で回答に数日を要する場合があります。

ご入力いただいたメールアドレス宛に自動返信メールをお送りしています。自動返信メールが届かない場合は，「よくある質問」の「メールの問い合わせに対し返信がありません。」の項目をご確認ください。

また弊社営業日（平日）は，午前９時から午後５時まで，電話でのお問い合わせも受け付けています。

2025春

株式会社教英出版
〒422-8054　静岡県静岡市駿河区南安倍３丁目 12-28
TEL　054-288-2131　　FAX　054-288-2133
URL　https://kyoei-syuppan.net/
MAIL siteform@kyoei-syuppan.net

教英出版　2025年春受験用　高校入試問題集

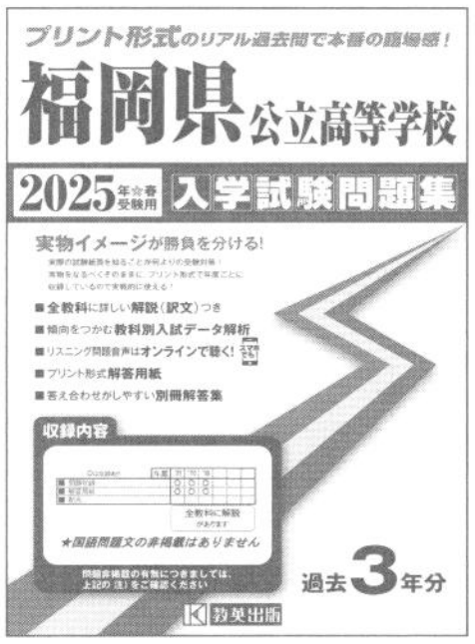

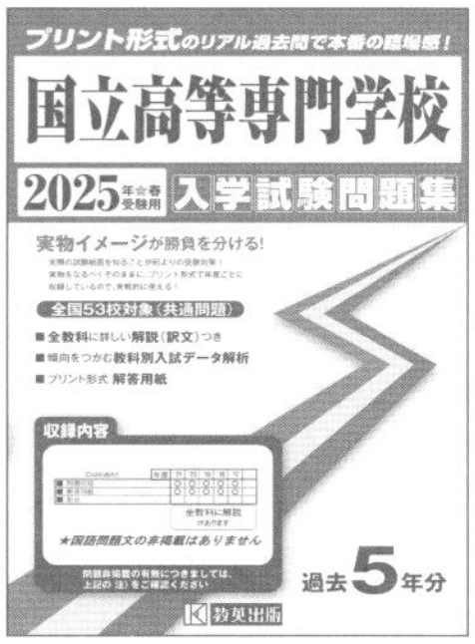

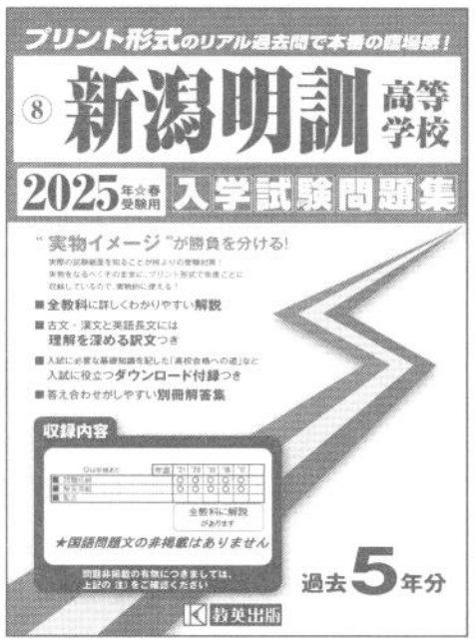

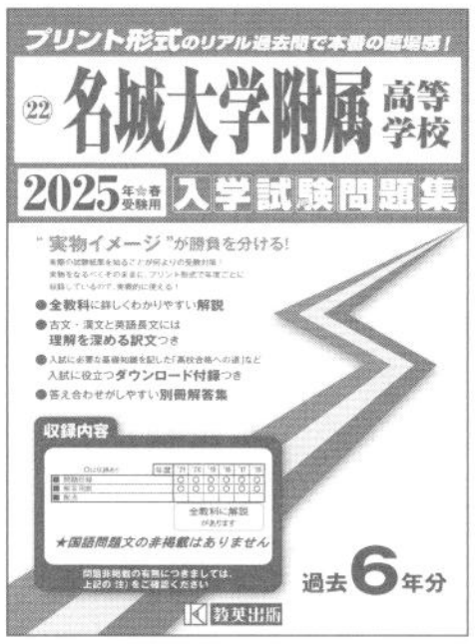

公立高等学校問題集

北海道公立高等学校
青森県公立高等学校
宮城県公立高等学校
秋田県公立高等学校
山形県公立高等学校
福島県公立高等学校
茨城県公立高等学校
埼玉県公立高等学校
千葉県公立高等学校
東京都立高等学校
神奈川県公立高等学校
新潟県公立高等学校
富山県公立高等学校
石川県公立高等学校
長野県公立高等学校
岐阜県公立高等学校
静岡県公立高等学校
愛知県公立高等学校
三重県公立高等学校(前期選抜)
三重県公立高等学校(後期選抜)
京都府公立高等学校(前期選抜)
京都府公立高等学校(中期選抜)
大阪府公立高等学校
兵庫県公立高等学校
島根県公立高等学校
岡山県公立高等学校
広島県公立高等学校
山口県公立高等学校
香川県公立高等学校
愛媛県公立高等学校
福岡県公立高等学校
佐賀県公立高等学校
長崎県公立高等学校
熊本県公立高等学校
大分県公立高等学校
宮崎県公立高等学校
鹿児島県公立高等学校
沖縄県公立高等学校

公立高 教科別8年分問題集

(2024年～2017年)

北海道(国・社・数・理・英)
宮城県(国・社・数・理・英)
山形県(国・社・数・理・英)
新潟県(国・社・数・理・英)
富山県(国・社・数・理・英)
長野県(国・社・数・理・英)
岐阜県(国・社・数・理・英)
静岡県(国・社・数・理・英)
愛知県(国・社・数・理・英)
兵庫県(国・社・数・理・英)
岡山県(国・社・数・理・英)
広島県(国・社・数・理・英)
山口県(国・社・数・理・英)
福岡県(国・社・数・理・英)

国立高等専門学校 最新5年分問題集

(2024年～2020年・全国共通)

対象の高等専門学校

釧路工業・旭川工業・
苫小牧工業・函館工業・
八戸工業・一関工業・仙台・
秋田工業・鶴岡工業・福島工業・
茨城工業・小山工業・群馬工業・
木更津工業・東京工業・
長岡工業・富山・石川工業・
福井工業・長野工業・岐阜工業・
沼津工業・豊田工業・鈴鹿工業・
鳥羽商船・舞鶴工業・
大阪府立大学工業・明石工業・
神戸市立工業・奈良工業・
和歌山工業・米子工業・
松江工業・津山工業・呉工業・
広島商船・徳山工業・宇部工業・
大島商船・阿南工業・香川・
新居浜工業・弓削商船・
高知工業・北九州工業・
久留米工業・有明工業・
佐世保工業・熊本・大分工業・
都城工業・鹿児島工業・
沖縄工業

高専 教科別10年分問題集

もっと過去問シリーズ
教科別
数学・理科・英語
(2019年～2010年)

学校別問題集

北海道

①札幌北斗高等学校
②北星学園大学附属高等学校
③東海大学付属札幌高等学校
④立命館慶祥高等学校
⑤北海高等学校
⑥北見藤高等学校
⑦札幌光星高等学校
⑧函館ラ・サール高等学校
⑨札幌大谷高等学校
⑩北海道科学大学高等学校
⑪遺愛女子高等学校
⑫札幌龍谷学園高等学校
⑬札幌日本大学高等学校
⑭札幌第一高等学校
⑮旭川実業高等学校
⑯北海学園札幌高等学校

青森県

①八戸工業大学第二高等学校

宮城県

①聖和学園高等学校(A日程)
②聖和学園高等学校(B日程)
③東北学院高等学校(A日程)
④東北学院高等学校(B日程)
⑤仙台大学附属明成高等学校
⑥仙台城南高等学校
⑦東北学院榴ケ岡高等学校
⑧古川学園高等学校
⑨仙台育英学園高等学校(A日程)
⑩仙台育英学園高等学校(B日程)
⑪聖ウルスラ学院英智高等学校
⑫宮城学院高等学校
⑬東北生活文化大学高等学校
⑭東北高等学校
⑮常盤木学園高等学校
⑯仙台白百合学園高等学校
⑰尚絅学院高等学校(A日程)
⑱尚絅学院高等学校(B日程)

山形県

①日本大学山形高等学校
②惺山高等学校
③東北文教大学山形城北高等学校
④東海大学山形高等学校
⑤山形学院高等学校

福島県

①日本大学東北高等学校

新潟県

①中越高等学校
②新潟第一高等学校
③東京学館新潟高等学校
④日本文理高等学校
⑤新潟青陵高等学校
⑥帝京長岡高等学校
⑦北越高等学校
⑧新潟明訓高等学校

富山県

①高岡第一高等学校
②富山第一高等学校

石川県

①金沢高等学校
②金沢学院大学附属高等学校
③遊学館高等学校
④星稜高等学校
⑤鵬学園高等学校

山梨県

①駿台甲府高等学校
②山梨学院高等学校(特進)
③山梨学院高等学校(進学)
④山梨英和高等学校

岐阜県

①鶯谷高等学校
②富田高等学校
③岐阜東高等学校
④岐阜聖徳学園高等学校
⑤大垣日本大学高等学校
⑥美濃加茂高等学校
⑦済美高等学校

静岡県

①御殿場西高等学校
②知徳高等学校
③日本大学三島高等学校
④沼津中央高等学校
⑤飛龍高等学校
⑥桐陽高等学校
⑦加藤学園高等学校
⑧加藤学園暁秀高等学校
⑨誠恵高等学校
⑩星陵高等学校
⑪静岡県富士見高等学校
⑫清水国際高等学校
⑬静岡サレジオ高等学校
⑭東海大学付属静岡翔洋高等学校
⑮静岡大成高等学校
⑯静岡英和女学院高等学校
⑰城南静岡高等学校
⑱静岡女子高等学校
⑲常葉大学附属常葉高等学校
　常葉大学附属橘高等学校
　常葉大学附属菊川高等学校
⑳静岡北高等学校
㉑静岡学園高等学校
㉒焼津高等学校
㉓藤枝明誠高等学校
㉔静清高等学校
㉕磐田東高等学校
㉖浜松学院高等学校
㉗浜松修学舎高等学校
㉘浜松開誠館高等学校
㉙浜松学芸高等学校
㉚浜松聖星高等学校
㉛浜松日体高等学校
㉜聖隷クリストファー高等学校
㉝浜松啓陽高等学校
㉞オイスカ浜松国際高等学校

愛知県

①[国立]愛知教育大学附属高等学校
②愛知高等学校
③名古屋経済大学市邨高等学校
④名古屋経済大学高蔵高等学校
⑤名古屋大谷高等学校
⑥享栄高等学校
⑦椙山女学園高等学校
⑧大同大学大同高等学校
⑨日本福祉大学付属高等学校
⑩中京大学附属中京高等学校
⑪至学館高等学校
⑫東海高等学校
⑬名古屋たちばな高等学校
⑭東邦高等学校
⑮名古屋高等学校
⑯名古屋工業高等学校
⑰名古屋葵大学高等学校
(名古屋女子大学高等学校)
⑱中部大学第一高等学校
⑲桜花学園高等学校
⑳愛知工業大学名電高等学校
㉑愛知みずほ大学瑞穂高等学校
㉒名城大学附属高等学校
㉓修文学院高等学校
㉔愛知啓成高等学校
㉕聖カピタニオ女子高等学校
㉖滝高等学校
㉗中部大学春日丘高等学校
㉘清林館高等学校
㉙愛知黎明高等学校
㉚岡崎城西高等学校
㉛人間環境大学附属岡崎高等学校
㉜桜丘高等学校

福岡県

①福岡大学附属若葉高等学校
②精華女子高等学校(専願試験)
③精華女子高等学校(前期試験)
④西南学院高等学校
⑤筑紫女学園高等学校
⑥中村学園女子高等学校(専願入試)
⑦中村学園女子高等学校(前期入試)
⑧博多女子高等学校
⑨博多高等学校
⑩東福岡高等学校
⑪福岡大学附属大濠高等学校
⑫自由ケ丘高等学校
⑬常磐高等学校
⑭東筑紫学園高等学校
⑮敬愛高等学校
⑯久留米大学附設高等学校
⑰久留米信愛高等学校
⑱福岡海星女子学院高等学校
⑲誠修高等学校
⑳筑陽学園高等学校(専願入試)
㉑筑陽学園高等学校(前期入試)
㉒真颯館高等学校
㉓筑紫台高等学校
㉔純真高等学校
㉕福岡舞鶴高等学校
㉖折尾愛真高等学校
㉗九州国際大学付属高等学校
㉘祐誠高等学校
㉙西日本短期大学附属高等学校
㉚東海大学付属福岡高等学校
㉛慶成高等学校
㉜高稜高等学校
㉝中村学園三陽高等学校
㉞柳川高等学校
㉟沖学園高等学校
㊱福岡常葉高等学校
㊲九州産業大学付属九州高等学校
㊳近畿大学附属福岡高等学校
㊴大牟田高等学校
㊵久留米学園高等学校
㊶福岡工業大学附属城東高等学校
(専願入試)
㊷福岡工業大学附属城東高等学校
(前期入試)
㊸八女学院高等学校
㊹星琳高等学校
㊺九州産業大学付属九州産業高等学校
㊻福岡雙葉高等学校

佐賀県

①龍谷高等学校
②佐賀学園高等学校
③佐賀女子短期大学付属佐賀女子高等学校
④弘学館高等学校
⑤東明館高等学校
⑥佐賀清和高等学校
⑦早稲田佐賀高等学校

長崎県

①海星高等学校(奨学生試験)
②海星高等学校(一般入試)
③活水高等学校
④純心女子高等学校
⑤長崎南山高等学校
⑥長崎日本大学高等学校(特別入試)
⑦長崎日本大学高等学校(一次入試)
⑧青雲高等学校
⑨向陽高等学校
⑩創成館高等学校
⑪鎮西学院高等学校

熊本県

①真和高等学校
②九州学院高等学校
(奨学生・専願生)
③九州学院高等学校
(一般生)
④ルーテル学院高等学校
(専願入試・奨学入試)
⑤ルーテル学院高等学校
(一般入試)
⑥熊本信愛女学院高等学校
⑦熊本学園大学付属高等学校
(奨学生試験・専願生試験)
⑧熊本学園大学付属高等学校
(一般生試験)
⑨熊本中央高等学校
⑩尚絅高等学校
⑪文徳高等学校
⑫熊本マリスト学園高等学校
⑬慶誠高等学校

大分県

①大分高等学校

宮崎県

①鵬翔高等学校
②宮崎日本大学高等学校
③宮崎学園高等学校
④日向学院高等学校
⑤宮崎第一高等学校
(文理科)
⑥宮崎第一高等学校
(普通科・国際マルチメディア科・電気科)

鹿児島県

①鹿児島高等学校
②鹿児島実業高等学校
③樟南高等学校
④れいめい高等学校
⑤ラ・サール高等学校

新刊
もっと過去問シリーズ

愛知県

愛知高等学校
7年分(数学・英語)
中京大学附属中京高等学校
7年分(数学・英語)
東海高等学校
7年分(数学・英語)
名古屋高等学校
7年分(数学・英語)
愛知工業大学名電高等学校
7年分(数学・英語)
名城大学附属高等学校
7年分(数学・英語)
滝高等学校
7年分(数学・英語)

※もっと過去問シリーズは入学試験の実施教科に関わらず、数学と英語のみの収録となります。

教英出版
〒422-8054
静岡県静岡市駿河区南安倍3丁目12-28
TEL 054-288-2131
FAX 054-288-2133
詳しくは教英出版で検索
教英出版 検索
URL https://kyoei-syuppan.net/

㉝光ヶ丘女子高等学校
㉞藤ノ花女子高等学校
㉟栄徳高等学校
㊱同朋高等学校
㊲星城高等学校
㊳安城学園高等学校
㊴愛知産業大学三河高等学校
㊵大成高等学校
㊶豊田大谷高等学校
㊷東海学園高等学校
㊸名古屋国際高等学校
㊹啓明学館高等学校
㊺聖霊高等学校
㊻誠信高等学校
㊼誉高等学校
㊽杜若高等学校
㊾菊華高等学校
㊿豊川高等学校

三重県

①暁高等学校(3年制)
②暁高等学校(6年制)
③海星高等学校
④四日市メリノール学院高等学校
⑤鈴鹿高等学校
⑥高田高等学校
⑦三重高等学校
⑧皇學館高等学校
⑨伊勢学園高等学校
⑩津田学園高等学校

滋賀県

①近江高等学校

大阪府

①上宮高等学校
②大阪高等学校
③興國高等学校
④清風高等学校
⑤早稲田大阪高等学校
(早稲田摂陵高等学校)
⑥大商学園高等学校
⑦浪速高等学校
⑧大阪夕陽丘学園高等学校
⑨大阪成蹊女子高等学校
⑩四天王寺高等学校
⑪梅花高等学校
⑫追手門学院高等学校
⑬大阪学院大学高等学校
⑭大阪学芸高等学校
⑮常翔学園高等学校
⑯大阪桐蔭高等学校
⑰関西大倉高等学校
⑱近畿大学附属高等学校
⑲金光大阪高等学校
⑳星翔高等学校
㉑阪南大学高等学校
㉒箕面自由学園高等学校
㉓桃山学院高等学校
㉔関西大学北陽高等学校

兵庫県

①雲雀丘学園高等学校
②園田学園高等学校
③関西学院高等部
④灘高等学校
⑤神戸龍谷高等学校
⑥神戸第一高等学校
⑦神港学園高等学校
⑧神戸学院大学附属高等学校
⑨神戸弘陵学園高等学校
⑩彩星工科高等学校
⑪神戸野田高等学校
⑫滝川高等学校
⑬須磨学園高等学校
⑭神戸星城高等学校
⑮啓明学院高等学校
⑯神戸国際大学附属高等学校
⑰滝川第二高等学校
⑱三田松聖高等学校
⑲姫路女学院高等学校
⑳東洋大学附属姫路高等学校
㉑日ノ本学園高等学校
㉒市川高等学校
㉓近畿大学附属豊岡高等学校
㉔夙川高等学校
㉕仁川学院高等学校
㉖育英高等学校

奈良県

①西大和学園高等学校

岡山県

①[県立]岡山朝日高等学校
②清心女子高等学校
③就実高等学校
(特別進学コース〈ハイグレード·アドバンス〉)
④就実高等学校
(特別進学チャレンジコース·総合進学コース)
⑤岡山白陵高等学校
⑥山陽学園高等学校
⑦関西高等学校
⑧おかやま山陽高等学校
⑨岡山商科大学附属高等学校
⑩倉敷高等学校
⑪岡山学芸館高等学校(1期1日目)
⑫岡山学芸館高等学校(1期2日目)
⑬倉敷翠松高等学校
⑭岡山理科大学附属高等学校
⑮創志学園高等学校
⑯明誠学院高等学校
⑰岡山龍谷高等学校

広島県

①[国立]広島大学附属高等学校
②[国立]広島大学附属福山高等学校
③修道高等学校
④崇徳高等学校
⑤広島修道大学ひろしま協創高等学校
⑥比治山女子高等学校
⑦呉港高等学校
⑧清水ヶ丘高等学校
⑨盈進高等学校
⑩尾道高等学校
⑪如水館高等学校
⑫広島新庄高等学校
⑬広島文教大学附属高等学校
⑭銀河学院高等学校
⑮安田女子高等学校
⑯山陽高等学校
⑰広島工業大学高等学校
⑱広陵高等学校
⑲近畿大学附属広島高等学校福山校
⑳武田高等学校
㉑広島県瀬戸内高等学校(特別進学)
㉒広島県瀬戸内高等学校(一般)
㉓広島国際学院高等学校
㉔近畿大学附属広島高等学校東広島校
㉕広島桜が丘高等学校

山口県

①高水高等学校
②野田学園高等学校
③宇部フロンティア大学付属香川高等学校
(普通科〈特進·進学コース〉)
④宇部フロンティア大学付属香川高等学校
(生活デザイン·食物調理·保育科)
⑤宇部鴻城高等学校

徳島県

①徳島文理高等学校

香川県

①香川誠陵高等学校
②大手前高松高等学校

愛媛県

①愛光高等学校
②済美高等学校
③FC今治高等学校
④新田高等学校
⑤聖カタリナ学園高等学校

令和六年度　京都府公立高等学校入学者選抜

前期選抜学力検査

共通学力検査

国　語

（50分）

解答上の注意

1 「始め」の指示があるまで、問題を見てはいけません。
2 問題は、この冊子の中の**1～6ページ**にあります。
3 答案用紙には、**受付番号**を記入しなさい。氏名を書いてはいけません。
4 答案用紙の**答の欄**に答えを記入しなさい。採点欄に記入してはいけません。
5 答えを記入するときは、それぞれの問題に示してある**【答の番号】**と、答案用紙の**【答の番号】**とが一致するように注意しなさい。
6 答えを記号で選ぶときは、答案用紙の**答の欄**の当てはまる記号を○で囲みなさい。答えを訂正するときは、もとの○をきれいに消すか、それに×をつけなさい。
7 答えを記述するときは、丁寧に書きなさい。
8 **字数制限がある場合は、句読点や符号なども一字に数えなさい。**
9 答えの書き方について、次の**解答例**を見て間違いのないようにしなさい。

解答例

一　木曜日の翌日は何曜日か、**漢字一字**で書け。……**答の番号【1】**

二　次の問い（1）・（2）に答えよ。

（1）北と反対の方角として最も適当なものを、次の（ア）～（ウ）から一つ選べ。……**答の番号【2】**

（ア）東　（イ）西　（ウ）南

（2）次の（ア）～（オ）のうち、奇数を**すべて選べ**。……**答の番号【3】**

（ア）1　（イ）2　（ウ）3
（エ）4　（オ）5

問題番号		答の番号	答の欄	採点欄
一		【1】	金 曜日	【1】
二	（1）	【2】	ア イ ㋒	【2】
二	（2）	【3】	㋐ イ ㋒ エ ㋔	【3】

共通学力検査
国　語
受付番号
1 2 3 4 5 6
得　点

一　次の文章を読み、問い（1）～（7）に答えよ。（19点）

「科学には限界があるかどうか」という質問をしばしば受ける。科学が自分自身の方法にしたがって確実なそして有用な知識を絶え間なく増加し、人類のために*厖大《ぼうだい》かつ永続的な共有財産を蓄積しつつあるのを見ると、科学によってすべての問題が解決される可能性を、将来に期待してもよさそうに思われる。しかしまたその反面において人間のさまざまな活動の中のある部分が、ある方向に発展していった結果として、今日科学といわれるものができ上がったこと、したがってつねに科学と多かれ少なかれ独立する他の種類の他の方向に向《むか》っての人間活動が存在し、それらと科学とがある場合には提携し、ある場合には*背馳《はいち》しつつ発展するものであること、現在の科学者にとってまだ多くの未知の領域が残っていることなどを考慮すると、素朴な科学万能論を信ずることはできないのである。

大多数の人は、恐《おそ》らく何等《なんら》かの意味において漠然とした科学の限界を予想しているに違いないのであるが、この問題に多少なりとも具体的な解答を与えようとすると、まず科学に対するはっきりした定義を与えることが必要になってくる。ところがそれは決して容易でなく、どんな定義に対してもいろいろな異論が起《おこ》り得るのである。しかし科学の本質的な部分が事実の確認と、諸事実の間の関連を表《あら》わす法則の*定立にあることだけは何人《なんぴと》も認めるであろう。事実とは何か、法則とは何かという段になると、また意見の違いを生ずるであろう。しかしいずれにしても、とにかく事実という以上は一人の人の個人的体験であるに止《とど》まらず、同時に他の人々の感覚によっても捕《とら》え得るという意味における客観性を持たねばならぬ。したがって自分だけにしか見えない夢や幻覚などは、一応「事実」でないとして除外されるであろう。もっとも心理学などにとっては、夢や幻覚でも研究対象となり得るが、その場合にもやはり、体験内容が言葉その他の方法で表現ないし記録されることによって、□ことが必要であろう。この辺までくると、科学と文学との境目は、もはやはっきりとはきめられない。自己の体験の忠実な表現は、むしろ文学の本領だともいえるであろう。

それが科学の対象として価値を持ち得るためには、体験の中から引出《ひきだ》され客観化された多くの事実を相互に比較することによって、共通性ないし差違が見出《みいだ》され、法則の定立にまで発展する可能性がなければならぬ。赤とか青とかいう私の感じは、そのままでは他の人の感じと比較のしようがない。物理学の発達に伴って、色の感じの違いが、光の波長の違いにまで抽象化され客観化されることによって、はじめて色や光に関する一般的な法則が把握されることになるのである。その反面においてしかし、私自身にとって最も生き生きした体験の内容であった赤とか青とかいう色の感じそのものは、この抽象化の過程の途中で脱落してしまうことを免《まぬか》れないのである。科学的知識がますます豊富となり、正確となってゆく代償として、私どもにとって別の意味で極めて貴重なものが、随分たくさん科学の網目からもれてゆくのを*如何《いかん》ともできないのである。科学が進歩するにしたがって、芸術の種類や形態にも著しい変化が起るであろう。しかし芸術的価値の本質は、つねに科学の網によって捕えられないところにしか見出されないであろう。

一言にしていえば、私どもの体験には必ず他と比較したり、客観化したりすることのできないある絶対的なものが含まれている。人間の自覚ということ自体がその最も著しい例である。哲学や宗教の根がここにある以上、*上記のごとき意味における科学が完全にそれらに取って代《かわ》ることは不可能であろう。科学の適用される領域はいくらでも広がってゆくであろう。このいわば*遠心的な方面には恐らく限界を見出し得ないかも知れない。それは哲学や宗教にも著しい影響を及ぼすでもあろう。しかし、科学が自己発展を続けてゆくためには、その出発点において、またその途中において、故意に、もしくは気がつかずに、多くの大切なものを見のがすほかなかったのである。このような科学の宿命をその限界と呼ぶべきであるならば、それは科学の弱点であるよりもむしろ長所でもあるかも知れない。なぜかといえば、この点を反省することによって、科学は人間の他の諸活動と相補いつつ、人類の全面的な進歩向上に、より一層大きな貢献をなし得ることになるからである。

（湯川秀樹《ゆかわひでき》「湯川秀樹自選集　第一巻　学問と人生」による）

【下へつづく】

注
*厖大…広がって大きくなるさま。　*背馳…背き離れること。
*定立…ある判断や主張を法則として定めること。
*如何とも…どうにも。　*上記…前に記してあること。
*遠心的…中心から遠ざかるさま。

（1） 本文中の しばしば受ける[a] は、二つの文節に区切ることができる。この文節どうしの関係として最も適当なものを、次の（ア）～（エ）から一つ選べ。……答の番号【1】

（ア） 修飾・被修飾の関係　（イ） 補助の関係
（ウ） 主・述の関係　（エ） 並立の関係

（2） 本文中の 見る[b] の活用の種類として最も適当なものを、次のⅠ群（ア）～（ウ）から一つ選べ。また、見る[b] と同じ活用の種類である動詞を、後のⅡ群（カ）～（サ）から**すべて**選べ。……答の番号【2】

Ⅰ群　（ア） 五段活用　（イ） 上一段活用　（ウ） 下一段活用

Ⅱ群　（カ） 座る　（キ） 詰める　（ク） 借りる
（ケ） 徹する　（コ） 報いる　（サ） 結わえる

（3） 本文中の □ に入る最も適当な表現を、次の（ア）～（エ）から一つ選べ。……答の番号【3】

（ア） 具体性を帯びた内容へと焦点化される
（イ） 一人の人の個人的体験であると確認される
（ウ） 自己の体験が自分の中だけで忠実に再現される
（エ） 広い意味での事実にまで客観化される

（4） 本文中の 伴って[c] と 貢献[e] の漢字の部分の読みをそれぞれ**平仮名**で書け。……答の番号【4】

（5） 本文中の 貴重[d] の熟語の構成を説明したものとして最も適当なものを、次のⅠ群（ア）～（エ）から一つ選べ。また、貴重[d] と同じ構成の熟語を、後のⅡ群（カ）～（ケ）から一つ選べ。……答の番号【5】

Ⅰ群
（ア） 上の漢字と下の漢字が似た意味を持っている。
（イ） 上の漢字と下の漢字の意味が対になっている。
（ウ） 上の漢字が下の漢字を修飾している。
（エ） 下の漢字が上の漢字の目的や対象を表している。

Ⅱ群　（カ） 辛勝　（キ） 抜群　（ク） 郷里　（ケ） 出没

（6） 本文に書かれている内容と一致している文として適当なものを、下段の（ア）～（オ）から**二つ**選べ。……答の番号【6】

（ア） 科学は有用な知識を蓄積してきたため、すべての問題は解決できるようになったと現在の科学者たちは考えている。
（イ） 科学といわれるものは、人間の多様な活動の中のある部分が、ある方向に発展してきたことによって成立した。
（ウ） 科学に対する明確な定義づけが難しいのは、大多数の人が漠然とした科学の限界を予想しているからである。
（エ） 事実を抽象化していく過程で抜け落ちてしまうものが、科学的知識を豊富にさせ、科学の正確さを生み出した。
（オ） 科学が哲学や宗教に置き換わることはできないが、それらに大きな影響を与えることはあると考えられる。

（7） 次の会話文は、亜実さんと修一さんが本文を学習した後、本文について話し合ったものの一部である。これを読み、後の問い㊀～㊂に答えよ。

亜実　本文では、「科学には限界があるかどうか」ということについて言及されていたね。
修一　そうだね。 A についてはどこまでも拡大していくことが予測され、限界を見出すことができない可能性があると述べられていたね。
亜実　うん。でも科学にはできないこともあるんだよね。できないこともあるけれど、「多くの大切なもの」と本文で表現されている、個人的体験に内包されている B ことを反省することで、人類の進歩に科学はますます寄与することができるとも述べられていたね。
修一　だからこそ科学の限界と呼ぶべきその宿命が、 C になる可能性があるんだね。

㊀ 会話文中の A に入る最も適当な表現を、本文中から**十字**で抜き出して書け。……答の番号【7】

㊁ 会話文中の B に入る適当な表現を、本文の内容を踏まえて、**二十五字以上、三十五字以内**で書け。……答の番号【8】

下書き用

㊂ 会話文中の C に入る最も適当な表現を、本文中から**十六字**で抜き出し、**初めと終わりの三字**を書け。……答の番号【9】

【裏へつづく】

二　次の文章を読み、問い（1）～（7）に答えよ。（19点）

お詫び
著作権上の都合により、文章は掲載しておりません。
ご不便をおかけし、誠に申し訳ございません。
教英出版

お詫び
著作権上の都合により、文章は掲載しておりません。
ご不便をおかけし、誠に申し訳ございません。
教英出版

6　右のⅠ図は，アルトリコーダーの一部を模式的に表したものであり，Ⅰ図中の点線の丸（◌）と実線の丸（○）は，いずれも開いた状態のトーンホールを表している。それぞれのトーンホールは，吹き口に近い順にA，B，C，Dとする。また，右のⅡ図は，アルトリコーダーでド，レ，ミ，ファ，ソの各音を吹いたときの，閉じた状態のトーンホールを黒く塗りつぶされた丸（●）で表している。

Ⅰ図

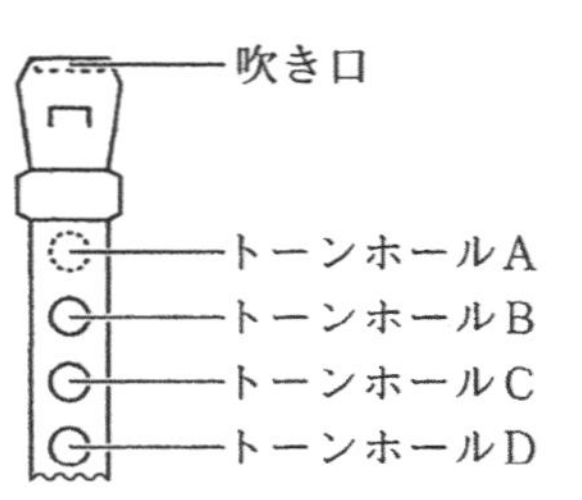

Ⅱ図

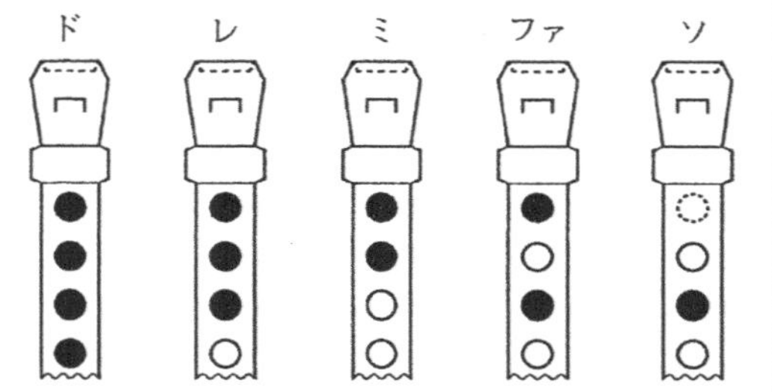

アルトリコーダーで，ドをはじめの音として，1音ずつド，レ，ミ，ファ，ソの順にくり返し吹く。ただし，1音吹くごとに，吹いた後はすべてのトーンホールを開いた状態にするものとする。

はじめに吹いた音から順に，1音目，2音目，3音目，…とし，吹いた音およびそれぞれのトーンホールを1音目から数えて閉じた回数を考える。

次の表は，1音目から7音目までについて，吹いた音およびそれぞれのトーンホールを1音目から数えて閉じた回数をまとめたものである。

		1音目	2音目	3音目	4音目	5音目	6音目	7音目
吹いた音		ド	レ	ミ	ファ	ソ	ド	レ
1音目から数えて閉じた回数（回）	トーンホールA	1	2	3	4	4	5	6
	トーンホールB	1	2	3	3	3	4	5
	トーンホールC	1	2	2	3	4	5	6
	トーンホールD	1	1	1	1	1	2	2

このとき，次の問い（1）～（3）に答えよ。（7点）

（1）　20音目を吹いたとき，吹いた音を，次の（ア）～（オ）から1つ選べ。また，そのときのトーンホールCを1音目から数えて閉じた回数を求めよ。　……………………………………………答の番号【20】

（ア）ド　（イ）レ　（ウ）ミ　（エ）ファ　（オ）ソ

（2）　113音目を吹いたとき，トーンホールAを1音目から数えて閉じた回数と，トーンホールDを1音目から数えて閉じた回数をそれぞれ求めよ。　……………………………………………答の番号【21】

（3）　nを自然数とする。$(5n^2+5n-7)$音目を吹いたとき，トーンホールAを1音目から数えて閉じた回数とトーンホールBを1音目から数えて閉じた回数の差が1258回であった。このときのnの値を求めよ。
……………………………………………答の番号【22】

4　右の図のように，△ＡＢＣがあり，ＡＢ＝5cm，ＢＣ＝7cm，∠ＡＣＢ＝45°である。点Ａから辺ＢＣにひいた垂線と辺ＢＣとの交点をＤとすると，ＢＤ＜ＣＤであった。線分ＡＤ上に点Ｅを，ＡＢ＝ＣＥとなるようにとる。また，辺ＡＣ上に点Ａと異なる点Ｆを，ＡＢ＝ＢＦとなるようにとり，線分ＡＤと線分ＢＦとの交点をＧとする。

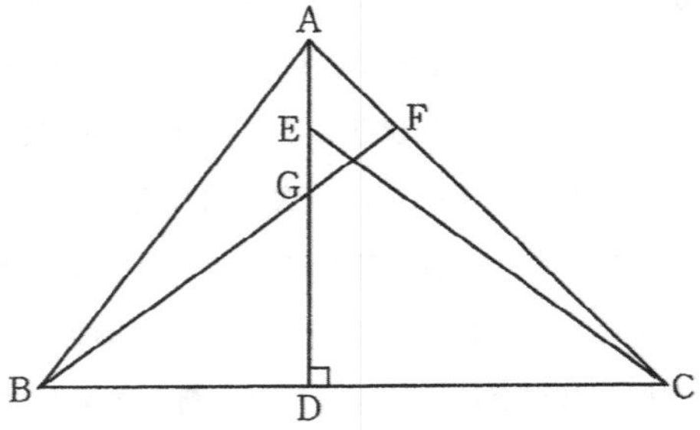

このとき，次の問い（1）・（2）に答えよ。（7点）

（1）　△ＡＢＤ≡△ＣＥＤであることを証明せよ。　……………………………答の番号【15】

（2）　線分ＢＤの長さを求めよ。また，線分ＥＧの長さを求めよ。　…………………答の番号【16】

5　右のⅠ図のように，底面が台形で，側面がすべて長方形である四角柱ＡＢＣＤ－ＥＦＧＨの形をした透明な容器があり，ＡＤ//ＢＣ，ＡＢ＝ＡＤ＝ＣＤ＝8cm，ＢＣ＝16cm，ＡＥ＝4cmである。この容器を右のⅡ図のように，長方形ＢＣＧＦが底になるように水平な台の上に置き，容器の底から高さ$3\sqrt{3}$ cmのところまで水を入れる。

このとき，次の問い（1）～（3）に答えよ。ただし，容器から水はこぼれないものとし，容器の厚さは考えないものとする。（7点）

Ⅰ図

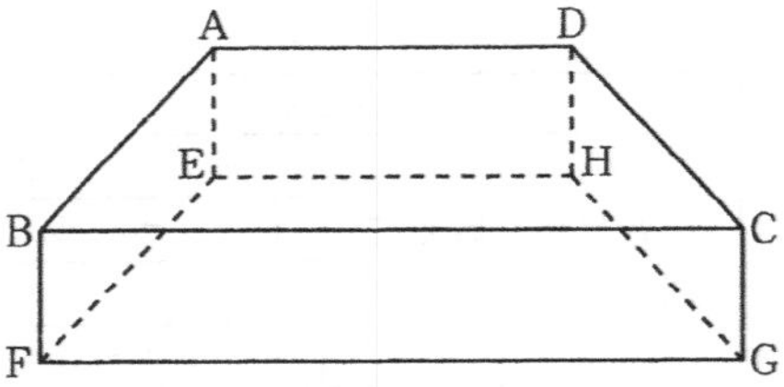

Ⅱ図

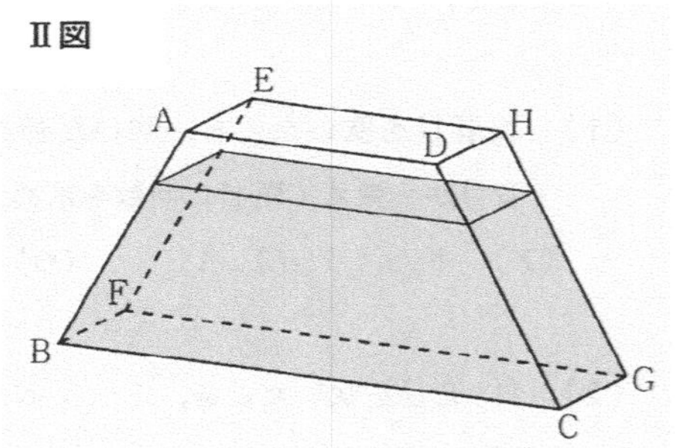

（1）　この容器の，長方形ＢＣＧＦを底面としたときの高さを求めよ。
……………………………答の番号【17】

（2）　容器に入っている水の体積を求めよ。　………答の番号【18】

（3）　この容器を長方形ＣＤＨＧが底になるように水平な台の上に置いたとき，容器の底から水面までの高さは何cmになるか求めよ。
……………………………答の番号【19】

【裏へつづく】

(4) 次の英文は，下線部③について説明したものである。本文の内容から考えて，[i]・[ii]に入る最も適当なものを，[i]は下のⅠ群（ア）～（エ）から，[ii]はⅡ群（カ）～（ケ）からそれぞれ１つずつ選べ。……答の番号【11】

Mika visited Ms. Oki and talked about the first rehearsal. Ms. Oki felt sorry that [i] at the rehearsal. Ms. Oki found Mika's problem and told Mika [ii].

Ⅰ群 （ア） Mika couldn't play the song well
（イ） Mika played the song without mistakes
（ウ） Mika didn't want to play the piano
（エ） Mika had to play the piano for her classmates

Ⅱ群 （カ） how our body will be when we relax
（キ） what happens to us when we get nervous
（ク） what we should not do after getting nervous
（ケ） why we get nervous and when we should relax

(5) [④]・[⑦]に入る語句の組み合わせとして最も適当なものを，次の（ア）～（エ）から１つ選べ。……答の番号【12】

（ア） ④ someone ⑦ believed　（イ） ④ someone ⑦ wasn't sure
（ウ） ④ something ⑦ believed　（エ） ④ something ⑦ wasn't sure

(6) 下線部⑤が表す内容として最も適当なものを，次の（ア）～（エ）から１つ選べ。……答の番号【13】

（ア） 私のことを理解する人が周りにいれば，私はがんばれるということ。
（イ） 私ががんばっているときは，周りの人はそのことをわかってくれるということ。
（ウ） 私のことを理解するために，周りの人もがんばっているということ。
（エ） 私ががんばっているときは，周りにもそのようにしている人がいるということ。

(7) 次のできごとがあった曜日を英語１語で書け。……答の番号【14】
Mika's class had the chorus contest.

(8) 本文の内容に合うように，次の質問（a）・（b）に対する適当な答えを，下の〈条件〉にしたがい，それぞれ英語で書け。

（a） Were there many students who were watching Mika's class at the first rehearsal? ……答の番号【15】

（b） On the day of the second rehearsal, where did Mika read the message card? ……答の番号【16】

〈条件〉 ・（a）は３語で書くこと。 ・（b）は５語で書くこと。

(9) 本文の内容と一致する英文として適当なものを，次の（ア）～（オ）からすべて選べ。……答の番号【17】

（ア） Mika visited her piano teacher Ms. Oki once a week during the summer vacation.
（イ） The day after the first rehearsal, Ms. Oki said Mika was nervous at the rehearsal, but Mika didn't agree.
（ウ） After Mika was given the message card from Ms. Oki, Mika always brought it with her.
（エ） Mika played well at the second rehearsal because of the things she learned from the first rehearsal.
（オ） On the day of the chorus contest, Ms. Oki said that she was glad to see Mika's happy face.

(10) 次の英文は，この作文（essay）を読んだ中学生の陸（Riku）と留学生のマーク（Mark）が交わしている会話の一部である。これを読んで，下の問い（a）・（b）に答えよ。

Riku : How was my speech at today's English lesson?
Mark: I think it was good. You spoke English well.
Riku : Thank you. But I made many mistakes. I hope I can speak [i] than this time when I make another speech in the future.
Mark: Well, in Mika's essay, she told you how to make yourself [ii] at something.
Riku : That's right. I learned a lot from her essay. She said that it is [iii] when we make mistakes. I'll do so to improve myself.

（a） [i]・[ii]に共通して入る最も適当な語を，本文中から１語で抜き出して書け。……答の番号【18】

（b） [iii]に入る適当な英語を，本文の内容にそって５語以上８語以内で書け。……答の番号【19】

3 次の英文は，中学３年生の実花（Mika）が英語の授業で書いた作文である。これを読んで，問い（１）～(10）に答えよ。(24点)

When I was a first year student in junior high school, we had a school chorus contest in October. In July, my class chose a song ①(sing) by a famous singer. I became the *accompanist for my class because I practiced the piano when I was an elementary school student. After I *entered a junior high school, I didn't play the piano much. But I thought I could play the song when I saw the *musical score.

During the summer vacation, I practiced the piano every day. I also thought ②[(ア) someone / (イ) I / (ウ) teach / (エ) to / (オ) me / (カ) needed], so I decided to visit Ms. Oki. She was my piano teacher when I was an elementary school student. I visited her every Wednesday and Saturday during the vacation. After the vacation, I visited her only on Saturdays, but I thought I could play the song well. 【 A 】

One Friday in September, we had the first *rehearsal. Many students who were going to have a rehearsal after my class were waiting and watching my class. After realizing that, I couldn't *concentrate on playing the piano and made many *mistakes.

③The next day, I visited Ms. Oki and said, "I made a lot of mistakes at the rehearsal." She said, "I'm sorry to hear that. Have you thought about the reasons for your mistakes?" I said, "No. I don't want to think about them." She said, "Well, if you don't think about the reasons, you'll make the same mistakes again. Let me help you understand what to do." I said, "I could usually play well when I practiced alone. 【 B 】 However, I couldn't play the song in the same way at the rehearsal." She said, "You got nervous, right?" I answered, "Yes." She said, "When we become nervous, we are in a different *state and we sometimes cannot do the things we can usually do. But there are some ways to relax. Imagining that you are *successful is one example. Practicing a lot is another important way. 【 C 】 If you do so, you'll be sure that you can play well. Having [④] that helps you relax is also a good way. For example, you can bring your favorite thing with you. You can also bring a message that helps you relax." Then, she *took out a small message card from her desk and wrote, "You have practiced hard. You can do it." She gave the message card to me, and I found ⑤one thing when I read her message. I realized that when I try hard, people around me understand that.

After I visited Ms. Oki that day, I tried the ways I learned from Ms. Oki. Before I ⑥(sleep), I always imagined that I was playing well at the chorus contest. I always took the message card with me and looked at it before I played the song. I also thought about my mistakes again. Then, I realized that there were a few difficult parts I couldn't play well in the song. 【 D 】 One week later, I was sure that I could play the song better.

One Friday in October, we had the second rehearsal. It was four days before the chorus contest. On the morning of the rehearsal, I remembered Ms. Oki's face and read the message card at home. After that, I put it into my *pocket and went to school. I remembered her message some times before playing the song. I was nervous at the second rehearsal too, but I [⑦] that I could do well. Then, I played well at the second rehearsal. I learned a lot from the first rehearsal, and that helped me play well at the second rehearsal. I learned how to improve *myself, and I was successful at the chorus contest, too. The day after the chorus contest, I visited Ms. Oki and talked about it. She said, "You really tried hard to do better. I'm glad to see your happy face now."

At first, the first rehearsal was just a bad experience for me, but I learned a lot from that experience. I learned that thinking about the reasons for mistakes is important. Doing that is sometimes not easy because when we make mistakes, we become sad and don't want to think about them. However, now I understand that doing so is important to improve myself.

（注） accompanist 伴奏者　　enter ～ ～に入学する　　musical score 楽譜
rehearsal リハーサル　　concentrate on ～ing ～することに集中する
mistake 間違い　　state 状態　　successful 成功した
take out ～ ～を取り出す　　pocket ポケット　　myself 私自身を

（１） 下線部①(sing)・⑥(sleep)を，文意から考えて，それぞれ正しい形にかえて１語で書け。 …答の番号【8】

（２） 下線部②の［　　］内の（ア）～（カ）を，文意が通じるように正しく並べかえ，記号で書け。
……………………………………………………………答の番号【9】

（３） 次の英文を本文中に入れるとすればどこが最も適当か，本文中の【 A 】～【 D 】から１つ選べ。
……………………………………………………………答の番号【10】

I practiced them a lot.

2 次の英文は，高校生の真紀（Maki）と留学生のリリー（Lily）が交わしている会話である。外国人が道や駅で迷っていた場合の日本人の行動に関する下の**グラフ（graph）**を参考にして英文を読み，下の問い（1）～（4）に答えよ。（8点）

Maki: Did you enjoy Sakura Museum yesterday?

Lily : Yes. I was happy to go there with you. The museum was near Sakura Station, so it was easy to go there.

Maki: You're right. Oh, before I went to Sakura Museum, a woman talked to me in Chinese at Sakura Station. I think she came to Japan alone [①] a tourist. She asked me something, but I couldn't say anything because I couldn't understand Chinese well.

Lily : I see. If we don't know the language, it may be difficult for us to help.

Maki: That's true. I found some graphs on a website last night. Look at Graph 1. The graph shows what Japanese people do when they meet foreign people who *are lost.

Lily : Let me see. *In total, more than sixty-five *percent of the people say that they want to help foreign people. Also, about [②] percent of the people say that they always want to do so. However, in total, about twenty percent of the people say that they *are unwilling to help or don't want to help foreign people. Why did about twenty percent of the people answer like that?

Maki: We can see the reasons in Graph 2. Look at it.

Lily : Well, I can agree with this reason. It is the highest percent in Graph 2.

Maki: I felt the same thing when a woman talked to me at Sakura Station. Also, I can agree with another reason. I have met foreign people who needed help on the street. However, I couldn't help because [③].

Lily : Do you mean about twenty-eight percent in Graph 2?

Maki: That's right. What should we do in that situation?

Lily : Well, I have an idea. On my first day in Japan, I was lost on the street, and a Japanese man said something to me. I didn't understand what he was saying in Japanese, but I knew that he tried to help me. That made me *feel relieved. So, I think saying easy words such [④] "Hello." or "Are you OK?" is one way to help foreign people.

Maki: I see. I think saying something to foreign people may be difficult for us, but I'm sure they feel relieved if other people talk to them. I want to be a person who *gives other people a hand.

グラフ（graph）

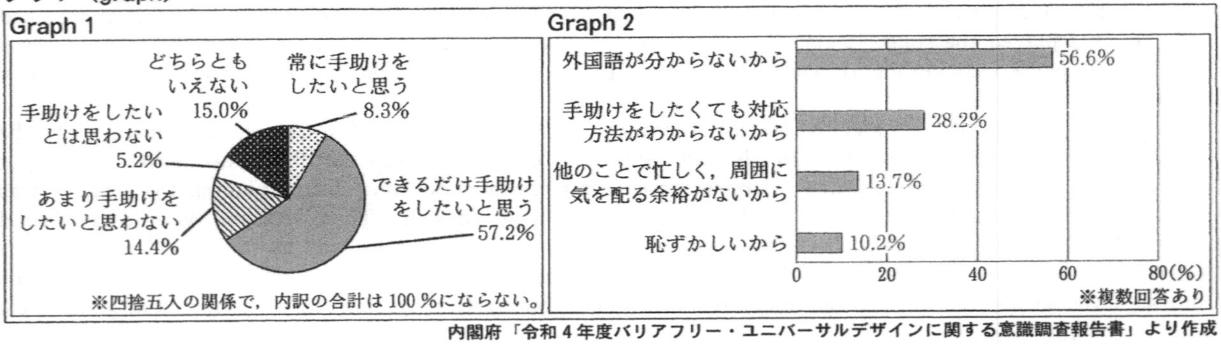

内閣府「令和4年度バリアフリー・ユニバーサルデザインに関する意識調査報告書」より作成

（注） be lost　道に迷っている　　in total　合計で　　percent　パーセント
are unwilling to ～　～するのを好まない　　feel relieved　安心する　　give ～ a hand　～に手を差しのべる

（1） [①]・[④] に共通して入る最も適当な**1**語を書け。 ……………………………**答の番号【4】**

（2） 本文の内容と**グラフ（graph）**から考えて，[②] に入る語として最も適当なものを，次の（ア）～（エ）から1つ選べ。 ……………………………**答の番号【5】**

（ア） five　　（イ） eight　　（ウ） fourteen　　（エ） twenty

（3） 本文の内容と**グラフ（graph）**から考えて，[③] に入る表現として最も適当なものを，次の（ア）～（エ）から1つ選べ。 ……………………………**答の番号【6】**

（ア） I didn't know what I should do　　（イ） I was busy then
（ウ） I couldn't understand foreign languages　　（エ） I was sad at that time

（4） 本文の内容と一致する英文として最も適当なものを，次の（ア）～（エ）から1つ選べ。 ……**答の番号【7】**

（ア） Lily thinks that Sakura Museum is far from Sakura Station.
（イ） Maki met a woman who spoke Chinese at Sakura Museum.
（ウ） Lily felt relieved because a man talked to her on the street on her first day in Japan.
（エ） Maki wants foreign people to use easy words when they talk to Japanese people.

※教英出版注
音声は，解答集の書籍ＩＤ番号を教英出版ウェブサイトで入力して聴くことができます。

【リスニングの問題について】
放送中にメモをとってもよい。

4　それぞれの質問に対する答えとして最も適当なものを，次の（ア）～（エ）から１つずつ選べ。（４点）

（１）（ア）Two cakes.　　（イ）Three cakes.
（ウ）Four cakes.　　（エ）Five cakes.
……………………………………答の番号【20】

（２）（ア）Go to Momiji Station by subway, and then take another subway.
（イ）Go to Momiji Station by subway, and then take a bus.
（ウ）Go to Momiji Station by bus, and then take another bus.
（エ）Go to Momiji Station by bus, and then take the subway.
……………………………………答の番号【21】

5　それぞれの質問に対する答えとして最も適当なものを，次の（ア）～（エ）から１つずつ選べ。（４点）

（１）（ア）午前８時　　（イ）午前８時30分
（ウ）午前９時　　（エ）午前９時30分
……………………………………答の番号【22】

（２）（ア）スギノ選手がイベントに来るのは，今回が初めてである。
（イ）子どものチケットの料金は，大人の料金の半額である。
（ウ）かつてスギノ選手が使っていたサッカーボールを，手に入れることができる。
（エ）イベントの参加者は，イベント中に写真を撮ることはできない。
……………………………………答の番号【23】

6　それぞれの会話のチャイム音のところに入る表現として最も適当なものを，下の（ア）～（エ）から１つずつ選べ。（４点）

（例題） A：Hi, I'm Hana.
B：Hi, I'm Jane.
A：Nice to meet you.
B：**〈チャイム音〉**

（ア）I'm Yamada Hana.　　（イ）Nice to meet you, too.
（ウ）Hello, Jane.　　（エ）Goodbye, everyone.

（解答例）

ア	㋑	ウ	エ

（１）（ア）He is a science teacher.　　（イ）He isn't in any clubs.
（ウ）He knows volleyball well.　　（エ）He wants to be a math teacher.
……………………………………答の番号【24】

（２）（ア）Sure, let's find a book written in Japanese.
（イ）Sure, it is interesting to choose a book in a library.
（ウ）Sure, I'll look for a good book for other students.
（エ）Sure, you can also take it home to try it.
……………………………………答の番号【25】

【英語（リスニング）おわり】

※教英出版注
音声は，解答集の書籍ＩＤ番号を
教英出版ウェブサイトで入力して
聴くことができます。

令和６年度　共通学力検査　英語（リスニング）問題４・問題５・問題６　放送台本

これから，問題４・５・６を放送によって行います。問題用紙を開いて１ページを見なさい。答案用紙を表に向けなさい。

それでは，問題４の説明をします。
問題４は（１）・（２）の２つがあります。それぞれ短い会話を放送します。次に，Question と言ってから英語で質問をします。それぞれの質問に対する答えは，問題用紙に書いてあります。最も適当なものを，（ア）・（イ）・（ウ）・（エ）から１つずつ選びなさい。会話と質問は２回放送します。

それでは，問題４を始めます。

（１）　A：　Look, Meg. This small cake looks delicious. I'll buy one cake. How about you?
B：　It looks good, Nami. I'll buy one cake, too.
A：　Oh, my family likes cake, so I'll buy two more cakes for them.
B：　That's a good idea. I'll also buy four more cakes for my family.

Question：How many cakes will Meg buy?

もう一度放送します。

〈会話・質問〉

（２）　A：　Excuse me. Could you tell me how to get to Wakaba Temple from this station?
B：　Sure. First, take the subway and go to Momiji Station. From that station, take Bus Number 7(seven). That bus goes to Wakaba Temple.
A：　Thank you. Can I find the bus easily?
B：　Yes, look for the green one.

Question：What should people do to go to Wakaba Temple from this station?

もう一度放送します。

〈会話・質問〉

これで，問題４を終わります。

次に，問題５の説明をします。
これから，ガイドによるスポーツイベントの案内を放送します。つづいて，英語で２つの質問をします。それぞれの質問に対する答えは，問題用紙に日本語で書いてあります。最も適当なものを，（ア）・（イ）・（ウ）・（エ）から１つずつ選びなさい。案内と質問は２回放送します。

それでは，問題５を始めます。

Guide：Good morning, everyone. Welcome to Nagisa Park. Thank you for coming here today. We have a sport event for you. We will tell you the information about it. You can meet a soccer player. His name is Mr. Sugino. He has come to the event twice before. At the event, you can enjoy playing soccer with him. The event starts at nine a.m. It's eight a.m. now. You can buy a ticket from eight-thirty a.m. If you want to join the event, you have to buy a ticket. It is eight hundred yen for adults and four hundred yen for children. When you buy a ticket, you can get a new soccer

大問	二	二	二	二	二	三	三	三	三	三	三
設問	（5）	（6）	（7）㊀	（7）㊁	（7）㊂	（1）	（2）	（3）	（4）㊀	（4）㊁	（4）㊂
番号	【14】	【15】	【16】	【17】	【18】	【19】	【20】	【21】	【22】	【23】	【24】
解答欄	根	ア イ ウ エ	ア イ ウ エ	（15マス：10、15）	ア イ ウ エ	（3マス） ア イ ウ エ	ア イ ウ エ	ア イ ウ エ	ア イ ウ エ	B（3マス：3） C（3マス：3）	ア イ ウ エ

【14】	【15】	【16】	【17】	【18】	【19】	【20】	【21】	【22】	【23】	【24】
2点	2点	2点	3点	2点	1点 1点	2点	2点	2点	2点	2点

共通学力検査

国　語

受付番号

得　点

※50点満点

2024(R6) 京都府公立高　前期

教英出版

【解答用

共通学力検査　数学答案用紙

問題番号		答の番号	答の欄			採点欄		
1	（1）	【1】				【1】	2点	
	（2）	【2】				【2】	2点	
	（3）	【3】				【3】	2点	
	（4）	【4】				【4】	2点	
	（5）	【5】	$c=$			【5】	2点	
	（6）	【6】				【6】	2点	
	（7）	【7】	$x=$			【7】	完答 2点	
	（8）	【8】	cm^2			【8】	2点	
	（9）	【9】	X	Y	Z	【9】	完答 2点	
2	（1）	【10】				【10】	2点	
	（2）	【11】				【11】	2点	
3	（1）	【12】	$a=$			【12】	2点	
	（2）	【13】	$y=$			【13】	2点	
	（3）	【14】	C（　　　，　　　）			【14】	3点	
						【15】		

【解答用

共通学力検査　英語（筆記）答案用紙

問題番号			答の番号	答の欄				採点欄		
1	（1）		【1】					【1】	2点	
	（2）	（a）	【2】					【2】	2点	
		（b）	【3】					【3】	2点	
2	（1）		【4】					【4】	2点	
	（2）		【5】	ア	イ	ウ	エ	【5】	2点	
	（3）		【6】	ア	イ	ウ	エ	【6】	2点	
	（4）		【7】	ア	イ	ウ	エ	【7】	2点	
3	（1）		【8】	①		⑥		【8】	1点	1点
	（2）		【9】	（　）→（　）→（　）→（　）→（　）→（　）				【9】	完答 2点	
	（3）		【10】	A	B	C	D	【10】	2点	
	（4）		【11】	Ⅰ群　ア　イ　ウ　エ		Ⅱ群　カ　キ　ク　ケ		【11】	1点	1点
	（5）		【12】	ア	イ	ウ	エ	【12】	2点	
	（6）		【13】	ア	イ	ウ	エ	【13】	2点	
	（7）		【14】					【14】	2点	

【解答用

共通学力検査　英語（リスニング）答案用紙

問題番号		答の番号	答	の		欄	採点欄		
4	（1）	【20】	ア	イ	ウ	エ	【20】	2点	
	（2）	【21】	ア	イ	ウ	エ	【21】	2点	
5	（1）	【22】	ア	イ	ウ	エ	【22】	2点	
	（2）	【23】	ア	イ	ウ	エ	【23】	2点	
6	（1）	【24】	ア	イ	ウ	エ	【24】	2点	
	（2）	【25】	ア	イ	ウ	エ	【25】	2点	

共通学力検査	受付番号							得点	
英語 （リスニング）									

※筆記と合わせて50点満点

【解答用

	(8)	(b)	【16】		【16】	2点	
	(9)		【17】	ア　イ　ウ　エ　オ	【17】	完答 2点	
	(10)	(a)	【18】		【18】	2点	
		(b)	【19】		【19】	2点	

共通学力検査 英 語 (筆記)	受付番号							得点	

※リスニングと合わせて50点満点

4	（1）	【15】				4点	
	（2）	【16】	BD＝　　　cm	EG＝　　　cm	【16】	1点	2点
5	（1）	【17】	cm		【17】	2点	
	（2）	【18】	cm^3		【18】	2点	
	（3）	【19】	cm		【19】	3点	
6	（1）	【20】	ア　イ　ウ　エ　オ	回	【20】	1点	1点
	（2）	【21】	トーンホールA　　　回	トーンホールD　　　回	【21】	完答 2点	
	（3）	【22】	$n =$		【22】	3点	

共通学力検査	受付番号		得点	
数　学				

※50点満点

共通学力検査 国語答案用紙

問題番号		答の番号	答の欄	採点欄
一	(1)	【1】	ア イ ウ エ	【1】 2点
	(2)	【2】	Ⅰ ア イ ウ / Ⅱ カ キ ク ケ コ サ	【2】 完答2点
	(3)	【3】	ア イ ウ エ	【3】 2点
	(4)	【4】	c って / e	【4】 1点 / 1点
	(5)	【5】	Ⅰ ア イ ウ エ / Ⅱ カ キ ク ケ	【5】 完答2点
	(6)	【6】	ア イ ウ エ オ	【6】 完答2点
	(7) ㊀	【7】		【7】 2点
	(7) ㊁	【8】	25 35	【8】 3点
	(7) ㊂	【9】	～	【9】 2点
	(1)	【10】	ア イ ウ エ	【10】 2点
	(2)	【11】	ア イ ウ エ	【11】 2点
	(3)	【12】	Ⅰ ア イ ウ エ / Ⅱ カ キ ク ケ	【12】 完答2点

ball as a present. Then, you can ask Mr. Sugino to write his name on the ball. Also, during the event, you can take pictures with him. If you have any questions, please ask our staff members. Thank you.

Question(1): What time does the event start?

Question(2): Which one is true about the event?

もう一度放送します。

〈案内・質問〉

これで，問題**5**を終わります。

次に，問題**6**の説明をします。
問題**6**は（**1**）・（**2**）の2つがあります。それぞれ短い会話を放送します。それぞれの会話の，最後の応答の部分にあたるところで，次のチャイム音を鳴らします。**〈チャイム音〉**このチャイム音のところに入る表現は，問題用紙に書いてあります。最も適当なものを，**(ア)**・**(イ)**・**(ウ)**・**(エ)**から1つずつ選びなさい。

問題用紙の例題を見なさい。例題をやってみましょう。

(例題) A： Hi, I'm Hana.
B： Hi, I'm Jane.
A： Nice to meet you.
B： **〈チャイム音〉**

正しい答えは**(イ)**の Nice to meet you, too. となります。ただし，これから行う問題の会話の部分は印刷されていません。

それでは，問題**6**を始めます。会話は2回放送します。

(**1**) A： Aya, what club are you in?
B： I'm in the volleyball club. Mr. Wada teaches us.
A： I see. Do you know what subject he teaches?
B： **〈チャイム音〉**

もう一度放送します。

〈会話〉

(**2**) A： Hello, Ms. Brown. I want to read an English book. Do you know a good one?
B： Yes. How about this book? Many students like it.
A： I want to read it if I can understand the English in the book. May I see it for a few minutes?
B： **〈チャイム音〉**

もう一度放送します。

〈会話〉

これで，問題**6**を終わります。

このページに問題は印刷されていません

前期選抜学力検査

共通学力検査　**英　　語**

問題４・問題５・問題６
（リスニング）

1 次の問い（1）・（2）に答えよ。（6点）

（1） 次の絵の中の①～④の順に会話が成り立つように，[　　　　] に入る適切な英語を，**4語または5語**で書け。 ……………………………………………………………………………………答の番号【1】

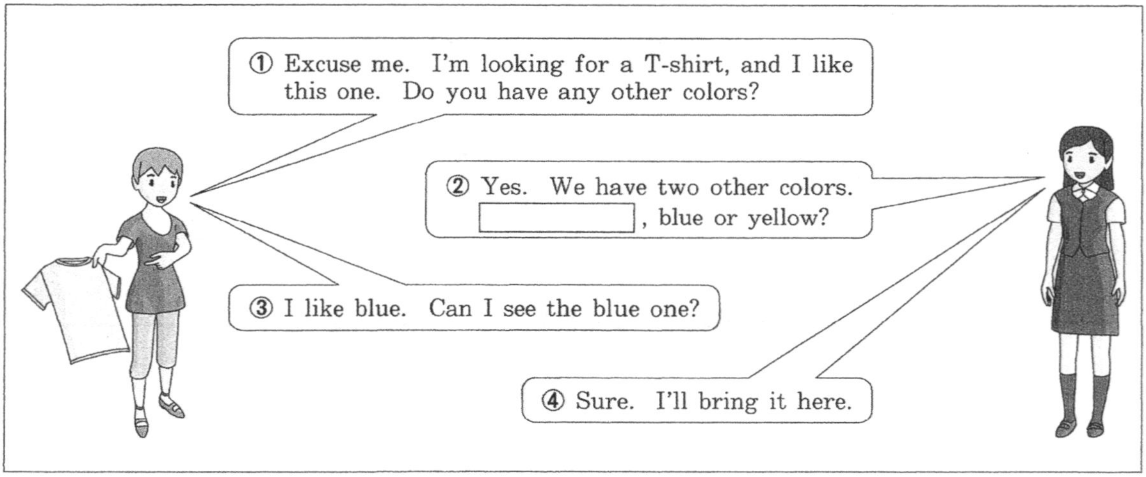

① Excuse me. I'm looking for a T-shirt, and I like this one. Do you have any other colors?
② Yes. We have two other colors. [　　　　], blue or yellow?
③ I like blue. Can I see the blue one?
④ Sure. I'll bring it here.

（2） 次の絵は，和樹《かずき》（Kazuki）が友人のアリス（Alice）と下の会話をしている一場面を表している。この絵をもとに，下の問い（a）・（b）に答えよ。

Kazuki: Hi, Alice. Are you free tomorrow?
Alice : I have to [①] in the morning, but I'm free in the afternoon.
Kazuki: OK. I'll go to Minami Zoo. Why don't we go there together?
Alice : That's a good idea.
Kazuki: Oh, I think [②] tomorrow, so we will need an umbrella.
Alice : All right. Thank you.

（a） 会話が成り立つように，[①] に入る適切な英語を，**3語**で書け。
……………………………………………………………………………………答の番号【2】

（b） 会話が成り立つように，[②] に入る適切な英語を，**3語または4語**で書け。
……………………………………………………………………………………答の番号【3】

前期選抜学力検査

共通学力検査　**英　語**

問題１・問題２・問題３
（筆記）

令和６年度　京都府公立高等学校入学者選抜

前期選抜学力検査

共通学力検査　英　　語

（50分）

解答上の注意

1　「始め」の指示があるまで，問題を見てはいけません。
2　**問題１・２・３（筆記）**は，この冊子の中の**１～４ページ**にあります。
3　**問題４・５・６（リスニング）**は，**問題１・２・３の終了後**に配布されます。
4　答案用紙には，**受付番号**を記入しなさい。氏名を書いてはいけません。
5　答案用紙の**答の欄**に答えを記入しなさい。採点欄に記入してはいけません。
6　答えを記入するときは，それぞれの問題に示してある**【答の番号】**と，答案用紙の**【答の番号】**とが一致するように注意しなさい。
7　答えを記号で選ぶときは，答案用紙の**答の欄**の当てはまる記号を○で囲みなさい。答えを訂正するときは，もとの○をきれいに消すか，それに╳をつけなさい。
8　答えを記述するときは，丁寧に書きなさい。
9　**英語で書くときは，大文字，小文字に注意しなさい。筆記体で書いてもよろしい。**
10　**語数制限がある場合は，短縮形（I'm など）と数字（100 や 2024 など）は１語として数え，符号（ , ／ . ／ ? ／ ! ／ “ ” など）は語数に含めないものとします。**
11　答えの書き方について，次の**解答例**を見て間違いのないようにしなさい。

解 答 例

1　次の質問に対する適当な答えを，**３語**の英語で書け。
……………………………答の番号【１】
Is Kyoto in Japan?

2　次の問い（１）・（２）に答えよ。

（１）　北と反対の方角として最も適当なものを，次の（ア）～（ウ）から１つ選べ。　…答の番号【２】
（ア）　東　　（イ）　西　　（ウ）　南

（２）　次の［　　］内の（ア）～（ウ）を，文意が通じるように正しく並べかえ，**記号**で書け。
……………………………答の番号【３】
My［（ア） name ／（イ） Taro ／（ウ） is］.

問題番号		答の番号	答　の　欄	採点欄
1		【１】	Yes, it is.	【１】
2	（１）	【２】	ア　イ　㋒	【２】
	（２）	【３】	(ア)→(ウ)→(イ)	【３】

共通学力検査 英　語（筆記）	受付番号	1	2	3	4	5	6	得点	

2　100 円硬貨と 50 円硬貨がそれぞれ 2 枚ずつある。この 4 枚の硬貨を同時に投げる。

このとき，次の問い（**1**）・（**2**）に答えよ。ただし，それぞれの硬貨の表裏の出方は，同様に確からしいものとする。（4 点）

（**1**）　100 円硬貨が 2 枚とも表で，50 円硬貨が少なくとも 1 枚は表となる確率を求めよ。　…………**答の番号【10】**

（**2**）　表が出た硬貨の合計金額が 100 円以上 250 円未満になる確率を求めよ。　…………………………**答の番号【11】**

3　右の図のように，関数 $y = ax^2$ のグラフ上に 2 点A，Bがあり，2 点A，Bの x 座標はそれぞれ -6，8 である。また，2 点O，Aを通る直線の傾きは $-\frac{3}{2}$ である。

このとき，次の問い（**1**）～（**3**）に答えよ。（7 点）

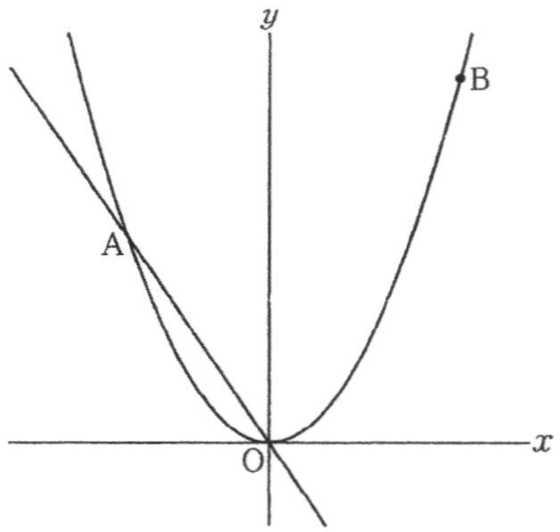

（**1**）　a の値を求めよ。　………………………………**答の番号【12】**

（**2**）　2 点A，Bを通る直線の式を求めよ。　……**答の番号【13】**

（**3**）　点Aを通り，傾きが $-\frac{5}{6}$ である直線上に x 座標が正である点Cを，△ＡＯＢと△ＡＣＢの面積が等しくなるようにとるとき，点Cの座標を求めよ。　…………………**答の番号【14】**

1　次の問い（1）～（9）に答えよ。(18点)

（1）　$(-3)^3 + 4^2 \times \dfrac{9}{8}$　を計算せよ。 ……………………………………答の番号【1】

（2）　$2x - 6 - \dfrac{x-7}{2}$　を計算せよ。 ……………………………………答の番号【2】

（3）　$\dfrac{2}{5}x^3y^3 \div (-2y) \div \left(-\dfrac{1}{25}xy^2\right)$　を計算せよ。 ……………………………………答の番号【3】

（4）　関数　$y = \dfrac{16}{x}$　について，x の値が 2 から 4 まで増加するときの変化の割合を求めよ。 …答の番号【4】

（5）　等式　$a - 6c = 8b$　を c について解け。 ……………………………………答の番号【5】

（6）　$\sqrt{125}$　を小数で表したとき，整数部分の値を求めよ。 ……………………………………答の番号【6】

（7）　2 次方程式　$2x^2 - 18x + 12 = 0$　を解け。 ……………………………………答の番号【7】

（8）　右の図のような，半径が 4 cm の半球の表面積を求めよ。
……………………………………答の番号【8】

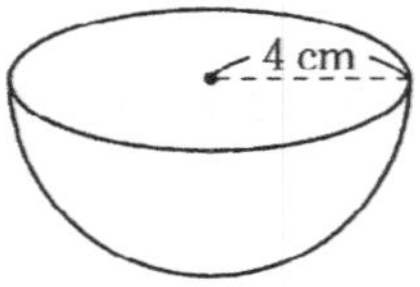

（9）　右の表は，ある中学校の 2 年生 25 人の上体起こしの記録について，度数および累積相対度数をまとめたものである。表中の X ～ Z に当てはまる数をそれぞれ求めよ。 ……………………………答の番号【9】

記録（回）	度数（人）	累積相対度数
以上　未満		
10 ～ 13	1	0.04
13 ～ 16	X	0.04
16 ～ 19	2	0.12
19 ～ 22	4	0.28
22 ～ 25	3	0.40
25 ～ 28	5	0.60
28 ～ 31	Y	Z
31 ～ 34	2	0.96
34 ～ 37	1	1.00
計	25	

【裏へつづく】

このページに問題は印刷されていません

令和６年度　京都府公立高等学校入学者選抜

前期選抜学力検査

共通学力検査　数　学

（50分）

解答上の注意

1　「始め」の指示があるまで，問題を見てはいけません。
2　問題は，この冊子の中の**１～４ページ**にあります。
3　答案用紙には，**受付番号**を記入しなさい。氏名を書いてはいけません。
4　答案用紙の**答の欄**に答えを記入しなさい。採点欄に記入してはいけません。
5　答えを記入するときは，それぞれの問題に示してある**【答の番号】**と，答案用紙の**【答の番号】**とが一致するように注意しなさい。
6　答えを記号で選ぶときは，答案用紙の**答の欄**の当てはまる記号を○で囲みなさい。答えを訂正するときは，もとの○をきれいに消すか，それに╳をつけなさい。
7　答えを記述するときは，丁寧に書きなさい。
8　**円周率はπとしなさい。**
9　**答えの分数が約分できるときは，約分しなさい。**
10　**答えが$\sqrt{\ }$を含む数になるときは，$\sqrt{\ }$の中の数を最も小さい正の整数にしなさい。**
11　**答えの分母が$\sqrt{\ }$を含む数になるときは，分母を有理化しなさい。**
12　答えの書き方について，次の**解答例**を見て間違いのないようにしなさい。

解答例

1　１＋２＋３を計算せよ。　…………**答の番号【１】**

2　１辺が３cmの正方形の周の長さを求めよ。
…………………………………**答の番号【２】**

3　次の問い（１）・（２）に答えよ。

（１）　１けたの正の整数のうち，３の倍数を求めよ。
………………………**答の番号【３】**

（２）　北と反対の方角として最も適当なものを，次の（ア）～（ウ）から１つ選べ。　……**答の番号【４】**
（ア）　東　　（イ）　西　　（ウ）　南

問題番号		答の番号	答　の　欄	採点欄
1		【１】	6	【１】
2		【２】	12 cm	【２】
3	（１）	【３】	3, 6, 9	【３】
	（２）	【４】	ア　イ　（ウ）	【４】

共通学力検査	受付番号						得点
数　学	受付番号	1	2	3	4	5	6

（今西錦司《いまにしきんじ》「今西錦司　生物レベルでの思考」による）

注
＊さきに…本文より前の部分。本文は文章の途中から引用している。
＊しからば…そうであるならば。
＊どうせどこかもっと適切なところで…本文より後の文章で、本文で論じた内容について再び言及し、考察を深めている箇所がある。
＊認識論…認識の起源・構造・妥当性・限界などを論じる学問。
＊先験的…経験に先立ち、経験から得られたのではない生まれつきのものであるさま。

（1）本文中の a愉快なこと について、本文では、どのようなことが愉快だと述べられているか。最も適当なものを、次の（ア）～（エ）から一つ選べ。……**答の番号【10】**

（ア）他と異なったものが生じる原因が、世界じゅうのものを見れば判明すること。
（イ）他と切り離された特異なものばかりが、世界じゅうで見つかること。
（ウ）他とどこか似た部分をもつものが、この世界のどこにも見当たらないこと。
（エ）あるものに似た他のものが、この世界のどこかにかならず存在していること。

（2）本文中の b起因し について、本文では、なにはなにに起因していると述べられているか。最も適当なものを、次の（ア）～（エ）から一つ選べ。……**答の番号【11】**

（ア）この世界がいろいろなもので構成されていることは、この世界のものがそれぞれ偶然の結果発生したという過程をもつこと。
（イ）この世界がいろいろなもので構成されていることは、単数的存在と複数的存在がなんらかの関係で結びついていたこと。
（ウ）この世界のものが複数的存在で構成されていることは、この世界のものはもとは一つのものから分かれていったこと。
（エ）この世界のものが複数的存在で構成されていることは、一つのものに占有されたある空間を他のものが占有できないこと。

（3）本文中の cに の品詞として最も適当なものを、次のⅠ群（ア）～（エ）から一つ選べ。また、cに と同じ意味・用法で に が用いられているものを、後のⅡ群（カ）～（ケ）から一つ選べ。……**答の番号【12】**

Ⅰ群　（ア）副詞　（イ）形容動詞　（ウ）助動詞　（エ）助詞

Ⅱ群
（カ）向かい風が吹いていたのに、走り幅跳びで新記録が出た。
（キ）着替えが終わったら、運動場に集合しよう。
（ク）寒い日が続いているけれど、元気に過ごしている。
（ケ）ゆっくり作業を進めているので、まだ完成しそうにない。

（4）本文中の □ には、□ の前に述べられていることと、後に述べられていることとの間で、どのような働きをする語が入るか。最も適当なものを、次のⅠ群（ア）～（エ）から一つ選べ。また、本文中の □ に入る語として最も適当なものを、後のⅡ群（カ）～（ケ）から一つ選べ。……**答の番号【13】**

Ⅰ群
（ア）後に述べられていることが、前に述べられていることの付け加えであることを表す働きをする語。
（イ）後に述べられていることが、前に述べられていることとは逆の内容であることを表す働きをする語。
（ウ）後に述べられていることが、前に述べられていることの対比であることを表す働きをする語。
（エ）後に述べられていることが、前に述べられていることとは別の話題であることを表す働きをする語。

Ⅱ群　（カ）または　（キ）そして　（ク）ところで　（ケ）ところが

（5）本文中の d根テイ の片仮名の部分を漢字に直し、楷書で書け。……**答の番号【14】**

【裏へつづく】

（６） 本文の構成を説明した文として最も適当なものを、次の（ア）～（エ）から一つ選べ。……答の番号【15】

（ア） [1]段落で筆者の考えを示し、[2]段落で別の角度から考えを述べ、[3]・[4]段落で考察を加え、[5]・[6]段落で主張を述べるという構成になっている。

（イ） [1]段落で問題提起し、[2]段落で新たな展望を示し、[3]・[4]段落で主張を述べ、[5]・[6]段落で具体例を挙げて補足するという構成になっている。

（ウ） [1]段落で話題を提示し、[2]段落で述べた一般論を[3]・[4]段落で批判し、[5]・[6]段落で筆者の考えを述べるという構成になっている。

（エ） [1]段落で主張を述べ、[2]段落で根拠を示し、[3]・[4]段落で筆者の経験を踏まえて補足し、[5]・[6]段落で再度主張を述べるという構成になっている。

（７） 桜さんのクラスでは、本文を学習した後、本文に関する発表を班ごとに行うことになった。次の会話文は、桜さんの班で話し合ったものの一部である。これを読み、下段の問い㈠～㈢に答えよ。

桜　本文では、相似と相異について述べられていたね。

真治　相異は [A] ものだと本文から読み取れるね。

佳奈　そうだね。本文中では「もともとからの関係」という言葉が複数回出てくるけれど、これは一つのものから分化発展したものの間に備わった、ある関係のことを指しているんだよね。

桜　うん。[6]段落の「われわれに備わった一つの本能」とは、「もともとからの関係」、つまり、一つのものから分化発展したものの間に備わった [B] することが容易にできる力だといえると本文から読み取れるよ。

佳奈　うん。その力が私たちに生まれつき備わっているのは、私たちも分化発展を経験してきたからだよね。

真治　なるほど。本文の理解をさらに深めるため、本やインターネットで情報を探すことにしようよ。

㈠ 会話文中の [A] に入る最も適当な表現を、次の（ア）～（エ）から一つ選べ。……答の番号【16】

（ア） 相似の中に含まれる

（イ） 相似の不足部分を埋める

（ウ） 相似があってこそ成立する

（エ） 相似と同時には存在できない

㈡ 会話文中の [B] に入る適当な表現を、本文の内容を踏まえて、**十字以上、十五字以内**で書け。……答の番号【17】

下書き用

㈢ 本やインターネットで情報を探すときの一般的な注意点として**適当でないもの**を、次の（ア）～（エ）から一つ選べ。……答の番号【18】

（ア） 本の中の情報を探すときは、目次や索引を利用して目的の情報が書かれている部分の見当をつけるとよい。

（イ） 本を用いて年度ごとの統計を調べるときは、国語辞典と歳時記の両方を利用するとよい。

（ウ） インターネットで目的の情報のキーワードを入力して検索する際、検索の結果が多すぎるときは、キーワードを増やして絞り込むとよい。

（エ） ウェブサイトから情報を得る際、目的の情報に関する複数の情報源を確認して正しいかどうかを判断するとよい。

三　次の文章は、「花月草紙」の一節である。注を参考にしてこれを読み、問い（1）～（4）に答えよ。（12点）

やまと歌は、人の心よりあめつち鬼神をも*感ぜしむるなど[a]いふは、和歌の道にかぎることにはあらず。ただ一の誠もてこそ、[b]大ぞらをもうごかしつべけれ。*漢の高祖《かうそ》の*太子うごかすべき*わたくしの御心《みこころ》を、さまざまことわり尽《つく》して、人々諫《いさ》むれども*うけがひ給《たま》はず。さるに*周勃《しうぼつ》といふ人が、「口にはいひ得ねども、[c]よからぬ事としれればそのみことのりをばうけじ」といひし一言にて、さばかりの*御心まどひもはれ給ひしとか。さればよし詞《ことば》のはなをさかせたりとも、誠のつらぬくにあらざれば、*えうなき事なり。まこともつらぬきて、詞の色もそなはりなば、*いとど人の心をもうごかし、やはらぎつべければ、一やうに実だにあらば、花はなくてもありなんとはいはじ。

（「新譯《しんやく》花月草紙闢《せき》の秋風《あきかぜ》」による……一部表記の変更がある）

注

*感ぜしむる…感動させる。
*漢の高祖…中国の漢の初代皇帝。
*太子うごかすべき…世継ぎを替えようとする。
*わたくしの…自分勝手な。
*うけがひ給はず…承知なさらなかった。
*周勃…高祖の臣下。
*心まどひ…心が迷うこと。
*えうなき…役に立たない。
*いとど…いっそう。

（1）本文中の [a]いふは をすべて**現代仮名遣い**に直して、**平仮名**で書け。また、次の（ア）～（エ）のうち、波線部（〰）が現代仮名遣いで書いた場合と同じ書き表し方であるものを一つ選べ。……………………答の番号【19】

（ア）祈りけるこそをかしけれ　（イ）奥へぞ入りにける
（ウ）わが身もものぐるほしや　（エ）のたまひ明かす

（2）本文中の [b]大ぞらをもうごかしつべけれ の解釈として最も適当なものを、次の（ア）～（エ）から一つ選べ。……………………答の番号【20】

（ア）大空をも動かそうとは思わない
（イ）大空をも動かすことができるのだろうか
（ウ）大空をも動かさないといけない
（エ）大空をも動かすことができるだろう

（3）本文中の [c]よからぬ事 とは、どのようなことを指しているのか、最も適当なものを、次の（ア）～（エ）から一つ選べ。……………………答の番号【21】

（ア）高祖を諫めるような発言を人々がしたこと。
（イ）高祖の世継ぎを人々が受け入れなかったこと。
（ウ）高祖が世継ぎを変更しようとしていること。
（エ）高祖を納得させる話を人々ができなかったこと。

（4）次の会話文は、真由さんと啓太さんが本文を学習した後、本文について話し合ったものの一部である。これを読み、後の問い㊀～㊂に答えよ。

真由　本文では、和歌以外のことにおいても通じる、感動をもたらすものについて述べられていたね。
啓太　それが本文全体の大きなテーマになっているんだね。
真由　筆者は、中国の古典が引用されている部分を踏まえて、実と花の話につなげているよ。中国の古典が引用されている部分において、周勃は［A］ことが読み取れるね。
啓太　そうだね。「実だにあらば、花はなくてもありなんとはいはじ」という表現で本文はまとめられているけれど、「実さえあれば花はなくてもよいとはいえない」という意味だったね。実と花はそれぞれ順に［B］のことを指していることがわかるね。
真由　実と花を［B］の［C］として用いて、他の事物を引き合いに出して表現することで本文をまとめているんだね。
啓太　そう考えると、中国の古典が引用されている部分において、［D］は実に対応していると解釈できるね。

㊀　会話文中の［A］に入る最も適当な表現を、次の（ア）～（エ）から一つ選べ。……………………答の番号【22】

（ア）高祖に対して命令を受け入れないという意志を伝えた
（イ）高祖に対して心を迷わせるような問いかけをした
（ウ）人々に対して高祖を惑わせることを言ってはいけないと忠告した
（エ）人々に対して高祖が皆の意見を受け入れる気がないことを知らせた

㊁　会話文中の［B］・［C］に入る適当な表現を、本文の内容を踏まえて、それぞれ**三字以内**で書け。……………………答の番号【23】

下書き用　B □□□ 3　C □□□ 3

㊂　会話文中の［D］に入る最も適当な表現を、次の（ア）～（エ）から一つ選べ。……………………答の番号【24】

（ア）周勃の態度　（イ）人々の発言
（ウ）高祖の態度　（エ）人々の態度

【国語おわり】

令和五年度　京都府公立高等学校入学者選抜

前期選抜学力検査

共通学力検査

国　語

（50分）

解答上の注意

1　「始め」の指示があるまで、問題を見てはいけません。
2　問題は、この冊子の中の**1～6ページ**にあります。
3　答案用紙には、**受付番号**を記入しなさい。氏名を書いてはいけません。
4　答案用紙の**答の欄**に答えを記入しなさい。採点欄に記入してはいけません。
5　答えを記入するときは、それぞれの問題に示してある**【答の番号】**と、答案用紙の**【答の番号】**とが一致するように注意しなさい。
6　答えを記号で選ぶときは、答案用紙の**答の欄**の当てはまる記号を○で囲みなさい。答えを訂正するときは、もとの○をきれいに消すか、それに×をつけなさい。
7　答えを記述するときは、丁寧に書きなさい。
8　**字数制限がある場合は、句読点や符号なども一字に数えなさい。**
9　答えの書き方について、次の**解答例**を見て間違いのないようにしなさい。

解答例

一　木曜日の翌日は何曜日か、**漢字一字**で書け。……**答の番号【1】**

二　次の問い（1）・（2）に答えよ。

（1）　北と反対の方角として最も適当なものを、次の（ア）～（ウ）から一つ選べ。……**答の番号【2】**

（ア）東　（イ）西　（ウ）南

（2）　次の（ア）～（オ）のうち、奇数をす**べて選べ。**……**答の番号【3】**

（ア）1　（イ）2　（ウ）3
（エ）4　（オ）5

問題番号	答の番号	答の欄	採点欄
一	【1】	金 曜日	【1】
二（1）	【2】	ア　イ　㋒	【2】
二（2）	【3】	㋐　イ　㋒　エ　㋔	【3】

共通学力検査
国　語
受付番号
1 2 3 4 5 6
得　点

一

次の文章を読み、問い（1）～（9）に答えよ。（20点）

お詫び

著作権上の都合により、文章は掲載しておりません。
ご不便をおかけし、誠に申し訳ございません。

教英出版

お詫び

著作権上の都合により、文章は掲載しておりません。
ご不便をおかけし、誠に申し訳ございません。

教英出版

（李《り》禹《う》煥《ふぁん》「両義の表現」による）

注

＊支持体…絵画を描く土台とする紙・板・布・金属板などの物質。
＊ミニマル・アート…あらゆる装飾を取り去った最小限の手段での制作を試みる造形芸術。
＊抽象絵画…事物の写実的再現ではなく、点・線・面・色彩による表現を目指した絵画。
＊二次的…それほど重要でないさま。

（1）本文中の[　]に入る最も適当な表現を、本文中から**四字**で抜き出して書け。……**答の番号【1】**

（2）本文中のa素材の読みを**平仮名**で書け。……**答の番号【2】**

（3）本文中のb一律の意味として最も適当なものを、次の**Ⅰ群**（ア）～（エ）から一つ選べ。また、本文中のd浮き彫りにするの意味として最も適当なものを、後の**Ⅱ群**（カ）～（ケ）から一つ選べ。……**答の番号【3】**

Ⅰ群
（ア）例外なく全て同じ
（イ）はっきりしていて確か
（ウ）深みがなく単純
（エ）秩序立って厳格

Ⅱ群
（カ）新たにする
（キ）目立たせる
（ク）華やかにする
（ケ）ゆがませる

（4）本文中のc古い時代の絵について、本文で述べられている原始時代から農耕時代の絵の特徴とはどのような特徴か。その説明として最も適当なものを、次の（ア）～（エ）から一つ選べ。……**答の番号【4】**

（ア）周りの空間とは関係を持たず、それ自体を見る対象として描かれる。
（イ）周りの空間との調和を保ち、移動性を重視した様式になっている。
（ウ）周りの空間と混ざりあうことで、だんだんと場所性を喪失する。
（エ）周りの空間と融合して場所性を持ち、その場所を際立たせる。

（5）本文中のeキャンバスの両義性について説明したものとして最も適当なものを、次の（ア）～（エ）から一つ選べ。……**答の番号【5】**

（ア）キャンバス自体が物体性を持ちつつ、それを用いる人の心に作用する非物質性も持つということ。
（イ）キャンバス自体が空間を占めるものとして対象性を持ちつつ、周りの壁や空間と連動する可能性のある物体性も持つということ。
（ウ）キャンバス自体が物体性を持ちつつ、それを用いる人のイメージを受け取る非物質性も持つということ。
（エ）キャンバス自体が空間を占めるものとして対象性を持ちつつ、支持体であることを超えた物体性も持つということ。

（6）本文中のf広げるの活用の種類として最も適当なものを、下段の**Ⅰ群**（ア）～（ウ）から一つ選べ。また、f広げると同じ活用の種類である動詞を、下段の**Ⅱ群**（カ）～（サ）から**すべて**選べ。……**答の番号【6】**

Ⅰ群
（ア）五段活用　（イ）上一段活用　（ウ）下一段活用

Ⅱ群
（カ）射る　（キ）発する　（ク）詣でる
（ケ）跳ねる　（コ）消す　（サ）省みる

（7）本文中のgうと同じ意味・用法でうが用いられているものを、次の（ア）～（エ）から一つ選べ。……**答の番号【7】**

（ア）午後からピアノの練習をしようかな。
（イ）きっとうまくいくだろうが気は抜けない。
（ウ）君が歩くのなら私も駅まで歩こう。
（エ）主体的に行動できる人になろうと思う。

（8）本文中のh一ソウの片仮名の部分を**漢字**に直し、**楷書**で書け。……**答の番号【8】**

（9）次の会話文は、春彦さんと華世さんが本文を学習した後、本文について話し合ったものの一部である。これを読み、後の問い㈠・㈡に答えよ。

春彦　「キャンバスの在りよう用い方はさまざま」とあるけれど、キャンバスの「在りよう」と「用い方」は、それぞれ[A]だと本文から読み取れるね。
華世　「在りよう」がさまざまな理由は、「人間の考えや感じることの展開性や伝達性に由来する」からだったよね。「用い方」は、その時々や人によって変わるんだね。
春彦　そうだね。それに、画家は、イメージを有形のキャンバスに表現していると述べられていたね。そうして表現されたものは、筆者にとって、人間がそうであるように、[B]だと言うことができるね。

㈠ 会話文中の[A]に入る適当な表現を、本文の内容を踏まえて、**二十字以上、三十字以内**で書け。……**答の番号【9】**

下書き用

20

30

㈡ 会話文中の[B]に入る最も適当な表現を、本文中から**十二字**で抜き出し、**初めと終わりの三字**を書け。……**答の番号【10】**

【裏へつづく】

二　次の文章を読み、問い（1）～（7）に答えよ。（18点）

お詫び

著作権上の都合により、文章は掲載しておりません。
ご不便をおかけし、誠に申し訳ございません。

教英出版

お詫び

著作権上の都合により、文章は掲載しておりません。
ご不便をおかけし、誠に申し訳ございません。

教英出版

6 プログラミング教室で，規則的に図形を表示するプログラムをつくった。右のⅠ図は，タブレット端末でこのプログラムを実行すると，初めに表示される画面を表している。画面上の数値ボックスに自然数を入力すると，入力した数に応じて，右のⅡ図のような，右矢印，上矢印，左矢印，下矢印の4種類の矢印が規則的に表示される。次のⅢ図は，数値ボックスに1，2，3，…をそれぞれ入力したときの画面を表している。

Ⅰ図

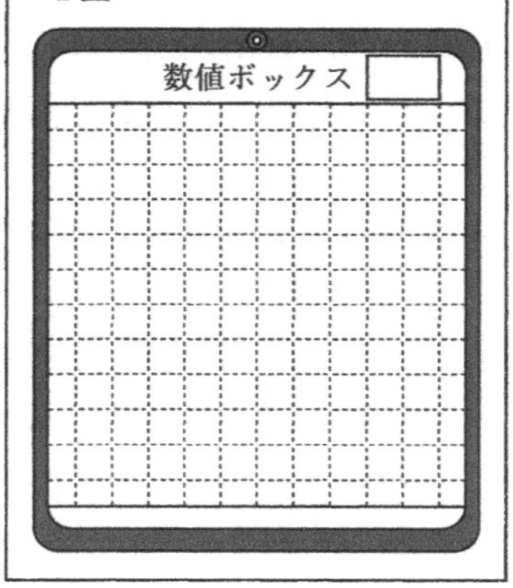

Ⅱ図

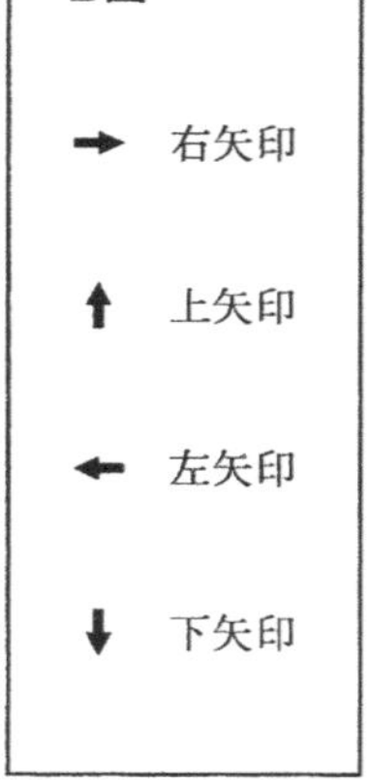

Ⅲ図

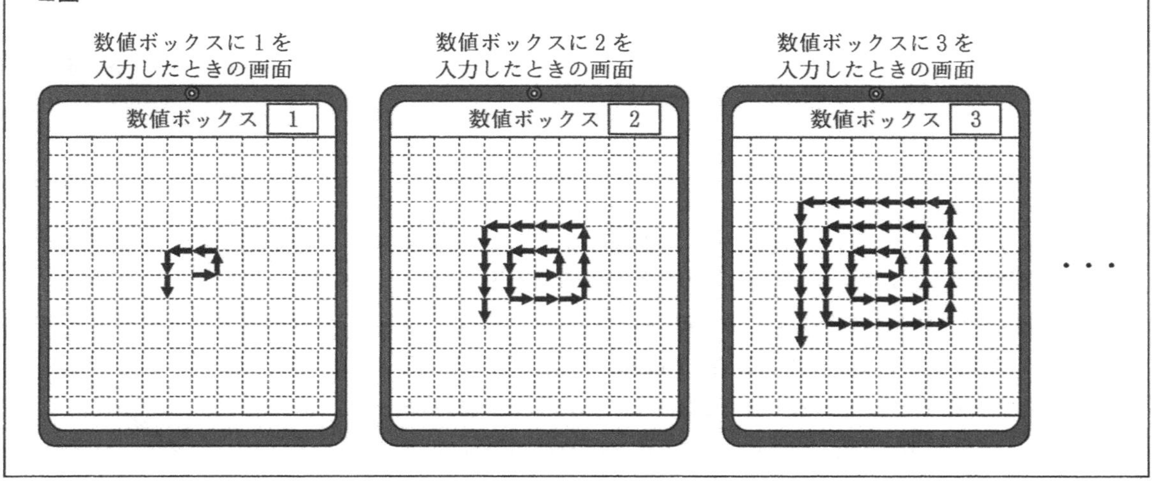

このとき，次の問い（1）～（3）に答えよ。ただし，数値ボックスにどのような自然数を入力しても，すべての矢印は表示されるものとする。（7点）

（1） 数値ボックスに4を入力したとき，表示される4種類の矢印の個数の合計を求めよ。 ………答の番号【20】

（2） 数値ボックスに20を入力したとき，表示される左矢印の個数を求めよ。 ………答の番号【21】

（3） 表示されている4種類の矢印のうち，上矢印，左矢印，下矢印の個数の合計と右矢印の個数の差が6160個となるとき，数値ボックスに入力した自然数を求めよ。 ………答の番号【22】

4　右の図のように，関数 $y=\dfrac{a}{x}$ のグラフ上に3点A，B，Cがあり，点Aの座標は（2, 6），点Bの x 座標は4，点Cの x 座標は－4である。また，2点A，Bを通る直線と y 軸との交点をDとする。

このとき，次の問い（1）・（2）に答えよ。（6点）

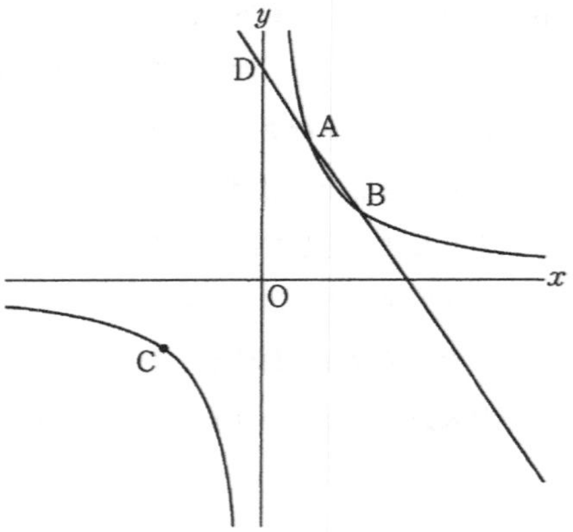

（1）　a の値を求めよ。また，△ＢＤＣの面積を求めよ。

……………………………………………答の番号【15】

（2）　点Bを通り x 軸に平行な直線と2点C，Dを通る直線との交点をEとする。また，線分ＢＥ上に点Fを，四角形ＣＯＦＥの面積が△ＢＤＣの面積の $\dfrac{2}{5}$ 倍となるようにとる。このとき，点Fの x 座標を求めよ。

……………………………………………答の番号【16】

5　右のⅠ図のように，ＡＢ＝6 cm，ＡＤ＝8 cm の長方形ＡＢＣＤを，対角線ＢＤを折り目として折り返し，点Aが移った点をE，辺ＢＣと線分ＤＥとの交点をFとする。さらに，右のⅡ図のように，点Dが点Eと重なるように折り，折り目となる直線と線分ＢＤ，辺ＣＤとの交点をそれぞれG，Hとする。また，辺ＢＣと線分ＥＧとの交点をＩとする。

このとき，次の問い（1）～（3）に答えよ。（8点）

Ⅰ図

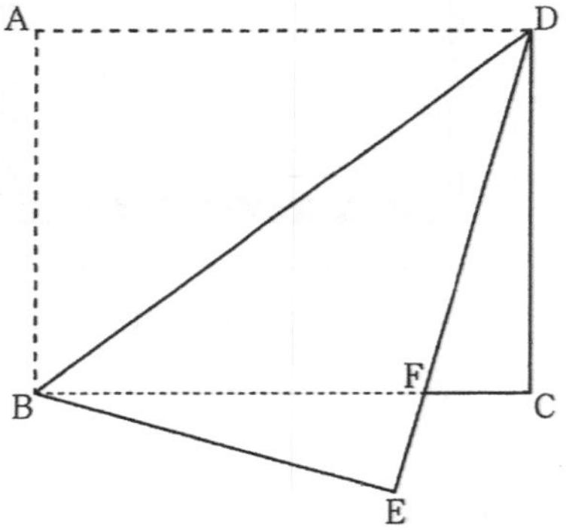

Ⅱ図

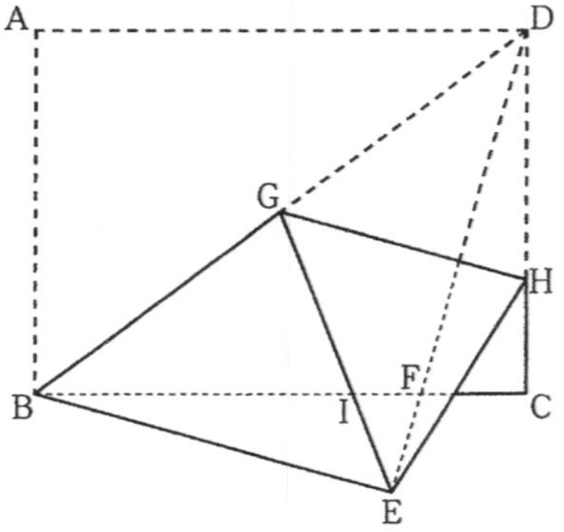

（1）　△ＩＧＢ ∽ △ＩＦＥであることを証明せよ。　…答の番号【17】

（2）　線分ＥＦの長さを求めよ。　……………………答の番号【18】

（3）　線分ＢＩの長さを求めよ。　……………………答の番号【19】

【裏へつづく】

(4) 次の (ア)～(オ) は，下線部③に関することについて述べたものである。(ア)～(オ) を時間の経過にそって古いものから順に並べかえ，**記号で書け**。 ……答の番号【11】

(ア) Many corals died at the first spot.
(イ) Ryo heard about the first spot on the tour.
(ウ) Ryo saw beautiful corals at the first spot.
(エ) People transplanted corals at the first spot.
(オ) The sea became too hot at the first spot.

(5) 下線部④が表す内容として最も適当なものを，次の (ア)～(エ) から1つ選べ。 ……答の番号【12】

(ア) サンゴを移植するときには，他の場所から魚も連れてくる必要があるということ。
(イ) サンゴを移植すれば，サンゴだけでなく，魚も再び見られるようになるということ。
(ウ) 魚がいれば，人々がサンゴを移植しなくてもサンゴは自然とよみがえるということ。
(エ) たくさんの魚を見ることができるならば，その場所には移植されたサンゴがあるということ。

(6) 次の英文は，下線部⑤について説明したものである。本文の内容から考えて，[i]・[ii] に入る最も適当なものを，[i] は下のⅠ群 (ア)～(エ) から，[ii] はⅡ群 (カ)～(ケ) からそれぞれ1つずつ選べ。 ……答の番号【13】

> Ken told Ryo that it is [i] to think about global warming if they want to save corals. Ryo told Ken [ii], and then Ryo found that he can do many things to save corals. So, he decided to think more about his actions.

Ⅰ群 (ア) difficult (イ) impossible (ウ) interesting (エ) necessary
Ⅱ群 (カ) some facts about extreme weather (キ) some examples to stop global warming
(ク) something special for Ryo and Ken (ケ) something new about the environment

(7) 本文の内容に合うように，次の質問 (a)・(b) に対する適当な答えを，下の〈条件〉にしたがい，それぞれ英語で書け。

(a) Do Ryo's uncle and Ken work as a guide on the tour in all seasons? ……答の番号【14】
(b) What were the corals like to Ryo when he finished transplanting them? ……答の番号【15】

> 〈条件〉 ・(a)は3語で書くこと。
> ・(b)は4語で書くこと。

(8) 本文の内容と一致する英文として適当なものを，次の (ア)～(オ) から**すべて**選べ。 ……答の番号【16】

(ア) Last summer, Ryo visited his uncle because he wanted to transplant corals with his uncle and Ken.
(イ) On the day of the tour, people who joined the tour transplanted large corals at the second spot.
(ウ) The corals Ryo transplanted on the tour will die if the sea becomes too hot again in the future.
(エ) Ken thinks the best way to save corals is to transplant them and believes it is important to do so.
(オ) Ryo found that he can do a lot of things in his daily life to save corals and that made Ken happy.

(9) 次の英文は，このスピーチを聞いた後，中学生の康太 (Kota) と留学生のエミリー (Emily) が苔《こけ》 (moss) を話題にして交わしている会話の一部である。これを読んで，下の問い (a)～(c) に答えよ。

> Kota : I watched TV yesterday and the news said that moss is dying in some temples in Kyoto because of global warming.
> Emily: Really? I like visiting temples in Kyoto, and there are many gardens [i] look really nice because of moss. I didn't think global warming is a big problem for the beautiful gardens with moss. Now, I think global warming is really a problem for many things.
> Kota : I think Ryo found the same thing. Ryo enjoys seeing corals, but he didn't think global warming is a big problem for corals. Now, he thinks we should take action, because we may lose [ii] in the future. You think moss or a beautiful garden with moss is one of them, right?
> Emily: Yes. I think I need to take action.
> Kota : Well, I think you should [iii]. Ryo says if you do that, you can save many things. One thing you should do is to bring your own bags when you go shopping.

(a) [i] に入る語として最も適当なものを，次の (ア)～(エ) から1つ選べ。 ……答の番号【17】
(ア) that (イ) there (ウ) they (エ) to

(b) [ii] に入る最も適当な部分を，本文中から5語で抜き出して書け。 ……答の番号【18】

(c) [iii] に入る適当な英語を，本文の内容にそって5語以上7語以内で書け。 …答の番号【19】

3 次の英文は，中学生の良（Ryo）が行ったスピーチである。これを読んで，問い（1）～（9）に答えよ。(24点)

I have an uncle, and he lives with his family near the sea. When I visit him with my family, I always swim with him and his son Ken. We have our favorite *spots in the sea and we can see many beautiful *corals there.

Last year, we swam in one of our favorite spots in summer. However, I was surprised that I didn't see corals. I said to my uncle, "I saw many beautiful corals at the spot two years ago, but I didn't see them today. Why? If you know, please ①[(ア) happened / (イ) what / (ウ) in / (エ) me / (オ) the sea / (カ) tell]." He said, "Well, many corals died last year. The sea became too hot during summer because of the *extreme weather. Many corals died in other places too, and now many people are ②(try) hard to *bring back corals to the sea." I said, "【 A 】 I want to know more." He said, "One thing is to *transplant corals after the sea *temperature returns to *normal. Some people transplant corals on a *tour, and Ken and I sometimes work as a *guide on the tour during summer. We will do it again next week." I said, "If there is something I can do to bring back corals to the sea, I want to do it." "Then, let's join the tour together," he said, and I decided to join it.

It was sunny on the day of the tour. I visited a small *building near the sea with my uncle and Ken, and we met some other guides there. We also met other people who joined the tour there, and my uncle said, "Today, we are going to go to two spots. 【 B 】 At those spots, the sea became too hot five years ago and a lot of corals died. However, we transplanted corals three years ago at ③the first spot on this tour, and now we can see beautiful corals there. At the second spot, we are going to transplant corals." He showed us some small corals and said, "These are the corals we will transplant."

At the first spot, we saw many beautiful corals. 【 C 】 There were many small fish around them. I realized that we can see beautiful corals again and we can also see many fish again if we transplant corals. I didn't imagine ④that before the tour. At the second spot, we *dived into the sea and transplanted the corals. When I finished transplanting the corals and looked at them again, I thought about stars. The corals were like them. I wanted to transplant corals at our favorite spot too and see beautiful corals again in the future.

When I returned to the boat, I said to Ken, "Will the corals we transplanted today die if it becomes too hot in the sea again?" He said, "Yes. However, if we do nothing, we can't bring back corals. When we find problems, we should try to do something. Of course, the most important thing is to protect the environment for them." I said, "I see. 【 D 】 Is there anything I can do to save corals?" He said, "Yes. Today, extreme weather happens more often because of *global warming. Also, it is getting hot in the sea because of global warming. If we want to save corals, we have to think about global warming. What can we do to stop it?" I answered, "I think we should not use too much *electricity." I also said, "We should bring our own bags when we go shopping and we should not use too many plastic bags. Oh, now I understand that I can do many things in my daily life to save corals." Ken said, "I'm glad that you have realized that. We *emit *greenhouse gases when we make electricity and other things. So, it is important to think about our actions." I said, "⑤I'll think more about my actions."

When I swam in our favorite spot last summer, I ⑥(feel) sad. I didn't think that corals were dying because of global warming. Now, I think that the same thing may happen to many beautiful things around us, and we may not see those things in the future. We all should realize that and take action. Since last summer, I've changed my actions a little, and I want you to do that too. I'm sure you can save a lot of things around you if you do that.

（注） spot 地点　coral サンゴ　extreme weather 異常気象
bring back ～ (to …) (…に)～を取り戻す　transplant ～ ～を移植する
temperature 温度　normal 正常　tour ツアー
guide ガイド　building 建物　dive 潜る
global warming 地球温暖化　electricity 電気　emit ～ ～を排出する
greenhouse gas 温室効果ガス

（1） 下線部①の［　　］内の（ア）～（カ）を，文意が通じるように正しく並べかえ，記号で書け。
……答の番号【8】

（2） 下線部②(try)・⑥(feel)を，文意から考えて，それぞれ正しい形にかえて1語で書け。　……答の番号【9】

（3） 次の英文を本文中に入れるとすればどこが最も適当か，本文中の【 A 】～【 D 】から1つ選べ。
……答の番号【10】

What do they do?

2 次の英文は，中学生の広斗（Hiroto）と留学生のルーシー（Lucy）が交わしている会話である。次の**アプリ（app）**を参考にして英文を読み，下の問い（1）～（4）に答えよ。（8点）

アプリ（app）

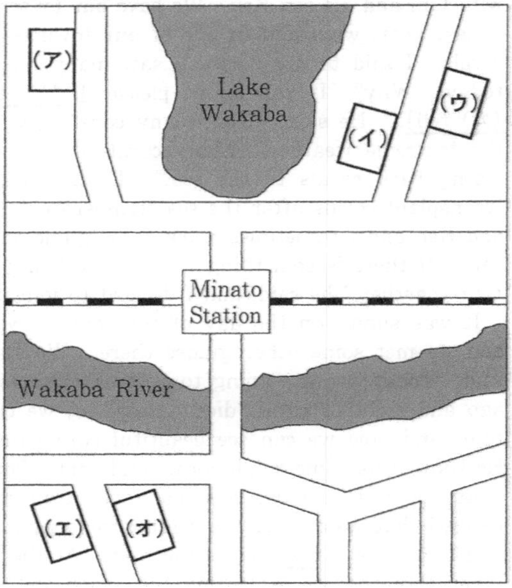

Lucy : Hi, Hiroto. What are you looking at?

Hiroto : Hi, Lucy. I'm looking at an app called "Wakaba" on my phone.

Lucy : What is it?

Hiroto : This is an app made by Wakaba City. This app introduces places for *sightseeing in this city.

Lucy : I see. Do you often use the app?

Hiroto : Yes, [①] example, I went to Lake Wakaba and Wakaba Temple last week after checking them on the app. That was fun.

Lucy : That's great. I also want to use the app, but I can't understand Japanese well.

Hiroto : You can get the information in English on the app. I'll choose English for you now.

Lucy : Thank you. I am happy that I can get the information in English on this app. My sister is going to come to Wakaba City from her country next month, but I don't know the places for sightseeing here. I have lived here [②] two months. So, I want to use the app and walk around the city with her.

Hiroto : What kind of place do you want to visit?

Lucy : Well, I heard there is a famous *railway in this city.

Hiroto : It is Wakaba Railway. It was built about forty years ago, and trains on this railway run from Sakura Station to Kaede Station. There are fifteen other stations between the two stations. The trains run along the Wakaba River, so you can enjoy the *scenery from the train.

Lucy : You know a lot about the railway.

Hiroto : I got the information about the railway on the app. We can listen to the *audio guide.

Lucy : I think it is a great app. My sister likes art, and I want to visit an art museum with her.

Hiroto : Well, how about ③Wakaba Art Museum? It is near Minato Station.

Lucy : I see. How do we get there from the station?

Hiroto : Well, let's look at the app. From the station, walk *toward Lake Wakaba. Turn right at the first corner and walk along the street. You can see the lake on the left. Then, turn left at the corner. You will find the museum on the right.

Lucy : I see. Do you know any other places for sightseeing around the museum?

Hiroto : Well, how about Wakaba Temple? It is a popular place for foreign people.

Lucy : Good. She is interested in Japanese culture, so [④].

Hiroto : I hope you will enjoy Wakaba City by using the app.

(注) sightseeing　観光　　railway　鉄道　　scenery　景色
audio guide　音声案内　　toward ～　～の方へ

（1） [①]・[②] に共通して入る最も適当な1語を書け。 ……………………**答の番号【4】**

（2） 本文の内容と**アプリ（app）**から考えて，下線部③にあたるものとして最も適当なものを，**アプリ（app）**中の（ア）～（オ）から1つ選べ。 ……………………**答の番号【5】**

（3） [④] に入る表現として最も適当なものを，次の（ア）～（エ）から1つ選べ。 ……**答の番号【6】**

（ア） she may go to the temple with me and enjoy Japanese culture there
（イ） she may enjoy using the app when we are walking around other cities
（ウ） I am going to use the app and take her to the temple this month
（エ） I want you to go to the temple to learn about Japanese culture

（4） 本文の内容と一致する英文として最も適当なものを，次の（ア）～（エ）から1つ選べ。 ……**答の番号【7】**

（ア） Hiroto tells Lucy he went to two places last week and checked them on the app later.
（イ） Hiroto tells Lucy Wakaba Railway was built about forty years ago and has only fifteen stations.
（ウ） Lucy knows well the places to visit with her sister in Wakaba City because she has already got the app.
（エ） Lucy can't understand Japanese well, so she is glad to get the information in English on the app.

【裏へつづく】

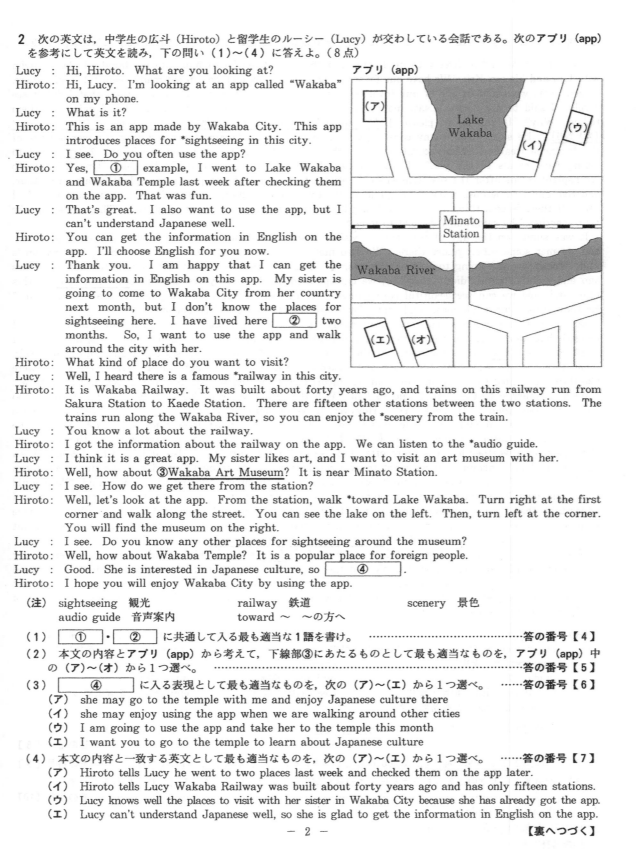

※教英出版注
音声は，解答集の書籍ＩＤ番号を教英出版ウェブサイトで入力して聴くことができます。

【リスニングの問題について】
放送中にメモをとってもよい。

4 それぞれの質問に対する答えとして最も適当なものを，次の（ア）～（エ）から１つずつ選べ。（４点）

（１）（ア） For fifteen minutes.　　（イ） For twenty minutes.
（ウ） For thirty five minutes.　　（エ） For forty minutes.
…………答の番号【20】

（２）（ア） She will ask him to help her with her homework.
（イ） She will ask him to bring an umbrella to her mother.
（ウ） She will ask him to come home early with her mother.
（エ） She will ask him to take her to the post office.
…………答の番号【21】

5 それぞれの質問に対する答えとして最も適当なものを，次の（ア）～（エ）から１つずつ選べ。（４点）

（１）（ア） 自然や，科学の歴史を学ぶことができる。　　（イ） 科学についての本を買うことができる。
（ウ） 科学の映画を見ることができる。　　（エ） 食事をすることができる。
…………答の番号【22】

（２）（ア） １本　　（イ） ２本
（ウ） ３本　　（エ） ４本
…………答の番号【23】

6 それぞれの会話のチャイム音のところに入る表現として最も適当なものを，下の（ア）～（エ）から１つずつ選べ。（４点）

（例題）A： Hi, I'm Hana.
B： Hi, I'm Jane.
A： Nice to meet you.
B： **〈チャイム音〉**

（ア） I'm Yamada Hana.　　（イ） Nice to meet you, too.
（ウ） Hello, Jane.　　（エ） Goodbye, everyone.

（解答例）

ア	㋑	ウ	エ

（１）（ア） I agree. I'm sure she will be happy.　　（イ） Don't worry. I think she likes Japan.
（ウ） Thank you. You're always kind to me.　　（エ） Really? I miss you so much.
…………答の番号【24】

（２）（ア） I'll be happy to know where I can find her.
（イ） I'll go shopping to buy a birthday present for you.
（ウ） I'll introduce you to her when they finish talking.
（エ） I'll talk with the teacher about you after school today.
…………答の番号【25】

【英語（リスニング）おわり】

※教英出版注
音声は，解答集の書籍ＩＤ番号を教英出版ウェブサイトで入力して聴くことができます。

令和５年度　共通学力検査　英語（リスニング）問題４・問題５・問題６　放送台本

これから，問題４・５・６を放送によって行います。問題用紙を開いて１ページを見なさい。答案用紙を表に向けなさい。

それでは，問題４の説明をします。
問題４は（１）・（２）の２つがあります。それぞれ短い会話を放送します。次に，Question と言ってから英語で質問をします。それぞれの質問に対する答えは，問題用紙に書いてあります。最も適当なものを，（ア）・（イ）・（ウ）・（エ）から１つずつ選びなさい。会話と質問は２回放送します。

それでは，問題４を始めます。

（１）　A：　Hi, Yuka. I have been waiting for you.
B：　Hi, Emma. The movie we are going to see starts at ten thirty five. What time did you get to this theater?
A：　I got here at nine forty. I thought the movie started at ten, but I was wrong.
B：　You have been waiting for a long time. It's ten fifteen now. We have to wait a little.

Question：How long does Yuka have to wait for the movie with Emma?

もう一度放送します。

〈会話・質問〉

（２）　A：　What's the matter, Emily?
B：　Mom, I'm doing my homework, but it's difficult. Can you help me now?
A：　Sorry, I can't. I want to go to the post office before it starts to rain. But your brother will come home soon, so you can ask him.
B：　OK. I'll do that. I hope you will come home before it starts to rain.

Question：What will Emily ask her brother to do?

もう一度放送します。

〈会話・質問〉

これで，問題４を終わります。

次に，問題５の説明をします。
これから，ガイドによる科学館の案内を放送します。つづいて，英語で２つの質問をします。それぞれの質問に対する答えは，問題用紙に日本語で書いてあります。最も適当なものを，（ア）・（イ）・（ウ）・（エ）から１つずつ選びなさい。案内と質問は２回放送します。

それでは，問題５を始めます。

Guide：Hello everyone. Welcome to Midori Science Museum. At this science museum, you can get a lot of information about science. Now, I'll tell you about each floor in this science museum. There is a restaurant on the first floor. And there are two rooms on the second floor. You can learn about nature and the history of science in each room. There is also a bookstore on that floor. You can buy books about science in the bookstore. There is one room on the third floor. You can watch three different science movies in that room. The first movie starts at ten a.m. and it is about twenty minutes. The second movie starts at eleven a.m., and the third one starts at one p.m.

大問	問	番号	解答欄	配点
二	(5)	【15】	れる	1点
二	(6)	【16】	ア　イ　ウ　エ	2点
二	(7) ㊀	【17】	ア　イ　ウ　エ	2点
二	(7) ㊁	【18】	20　30	3点
二	(7) ㊂	【19】	ア　イ　ウ　エ	2点
三	(1)	【20】	ア　イ　ウ　エ	2点
三	(2)	【21】	ア　イ　ウ　エ	2点
三	(3)	【22】	舞	1点
			ア　イ　ウ　エ	1点
三	(4) ㊀	【23】	ア　イ　ウ　エ	2点
三	(4) ㊁	【24】	B　3　5 C　5　8	完答 2点
三	(4) ㊂	【25】	ア　イ　ウ　エ	2点

共通学力検査
国　語
受 付 番 号
得　　　点

※50点満点

共通学力検査　数学答案用紙

問題番号		答の番号	答の欄	採点欄
1	(1)	【1】		【1】 2点
	(2)	【2】		【2】 2点
	(3)	【3】		【3】 2点
	(4)	【4】	$x=$　　　，　$y=$	【4】 完答 2点
	(5)	【5】	$a=$	【5】 2点
	(6)	【6】		【6】 2点
	(7)	【7】	$x=$	【7】 完答 2点
	(8)	【8】	$\angle x=$　　　°	【8】 2点
	(9)	【9】		【9】 2点
2	(1)	【10】	$a=$　　　，　$b=$	【10】 完答 2点
	(2)	【11】	本	【11】 2点
3	(1)	【12】	cm	【12】 2点
	(2)	【13】	cm^3	【13】 2点
	(3)	【14】	cm	【14】 3点
4	(1)	【15】	$a=$　　　面積	【15】 1点　2点

【解答用

共通学力検査　英語（筆記）答案用紙

問題番号			答の番号	答の欄		採点欄		
1	(1)		【1】			【1】	2点	
	(2)	(a)	【2】			【2】	2点	
		(b)	【3】			【3】	2点	
2	(1)		【4】			【4】	2点	
	(2)		【5】	ア　イ　ウ　エ　オ		【5】	2点	
	(3)		【6】	ア　イ　ウ　エ		【6】	2点	
	(4)		【7】	ア　イ　ウ　エ		【7】	2点	
3	(1)		【8】	(　)→(　)→(　)→(　)→(　)→(　)		【8】	完答 2点	
	(2)		【9】	②	⑥	【9】	1点	1点
	(3)		【10】	A　B　C　D		【10】	2点	
	(4)		【11】	(　)→(　)→(　)→(　)→(　)		【11】	完答 2点	
	(5)		【12】	ア　イ　ウ　エ		【12】	2点	
	(6)		【13】	Ⅰ群　ア　イ　ウ　エ	Ⅱ群　カ　キ　ク　ケ	【13】	1点	1点
		(a)	【14】			【14】	2点	

【解答用

共通学力検査　英語（リスニング）答案用紙

問題番号		答の番号	答の欄				採点欄		
4	（1）	【20】	ア	イ	ウ	エ	【20】	2点	
	（2）	【21】	ア	イ	ウ	エ	【21】	2点	
5	（1）	【22】	ア	イ	ウ	エ	【22】	2点	
	（2）	【23】	ア	イ	ウ	エ	【23】	2点	
6	（1）	【24】	ア	イ	ウ	エ	【24】	2点	
	（2）	【25】	ア	イ	ウ	エ	【25】	2点	

共通学力検査 英語 （リスニング）	受付番号							得点	

※筆記と合わせて50点満点

(8)		【16】	ア　イ　ウ　エ　オ	【16】	完答 2点	
(9)	(a)	【17】	ア　イ　ウ　エ	【17】	2点	
	(b)	【18】		【18】	2点	
	(c)	【19】		【19】	2点	

共通学力検査 英語 (筆記)	受付番号							得点		

※リスニングと合わせて50点満点

5	（1）	【17】			3点
	（2）	【18】	cm	【18】	2点
	（3）	【19】	cm	【19】	3点
6	（1）	【20】	個	【20】	2点
	（2）	【21】	個	【21】	2点
	（3）	【22】		【22】	3点

共通学力検査	受付番号		得点	
数　学				

※50点満点

共通学力検査 国語答案用紙

問題番号	一 (1)	一 (2)	一 (3)	一 (4)	一 (5)	一 (6)	一 (7)	一 (8)	一 (9) ㊀	一 (9) ㊁	(1)	(2)	(3)
答の番号	【1】	【2】	【3】	【4】	【5】	【6】	【7】	【8】	【9】	【10】	【11】	【12】	【13】
答の欄			Ⅰ ア イ ウ エ Ⅱ カ キ ク ケ	ア イ ウ エ	ア イ ウ エ	Ⅰ ア イ ウ Ⅱ カ キ ク ケ コ サ	ア イ ウ エ	一	20 30	～	ア イ ウ エ	ア イ ウ エ	ア イ ウ エ
採点欄	【1】	【2】	【3】	【4】	【5】	【6】	【7】	【8】	【9】	【10】	【11】	【12】	【13】
	2点	1点	1点 1点	2点	2点	完答 2点	2点	2点	3点	2点	2点	2点	2点

They are about forty minutes. But you can't watch the movie in the afternoon today because we will clean the room. You can't eat anything on the second and the third floor. If you want to eat something, please use the restaurant. Thank you.

Question（1）: What can people do on the first floor in the science museum?

Question（2）: How many movies will the science museum show today?

もう一度放送します。

〈案内・質問〉

これで，**問題5**を終わります。

次に，**問題6**の説明をします。
問題6は**（1）・（2）**の２つがあります。それぞれ短い会話を放送します。それぞれの会話の，最後の応答の部分にあたるところで，次のチャイム音を鳴らします。**〈チャイム音〉**このチャイム音のところに入る表現は，問題用紙に書いてあります。最も適当なものを，**（ア）・（イ）・（ウ）・（エ）**から１つずつ選びなさい。

問題用紙の例題を見なさい。例題をやってみましょう。

（例題） A： Hi, I'm Hana.
B： Hi, I'm Jane.
A： Nice to meet you.
B： **〈チャイム音〉**

正しい答えは**（イ）**の Nice to meet you, too. となります。ただし，これから行う問題の会話の部分は印刷されていません。

それでは，**問題6**を始めます。会話は２回放送します。

（1） A： Have you heard Kate will leave Japan this March?
B： Yes. I think we should do something for her.
A： Let's take a picture with her and write messages for her on it. What do you think?
B： **〈チャイム音〉**

もう一度放送します。

〈会話〉

（2） A： Who is the girl talking with our English teacher by the window? I see her at the park every weekend.
B： She is Saki. I often study with her after school.
A： She always wears cute clothes. I want to talk to her and ask her where she bought them.
B： **〈チャイム音〉**

もう一度放送します。

〈会話〉

これで，**問題6**を終わります。

このページに問題は印刷されていません

前期選抜学力検査

共通学力検査　**英　　語**

問題４・問題５・問題６
（リスニング）

1　次の問い（1）・（2）に答えよ。（6点）

（1）　次の絵の中の①～④の順に会話が成り立つように，［　　　　］に入る適切な英語を，**3語または4語**で書け。 ……………………………………………………………………………………………**答の番号【1】**

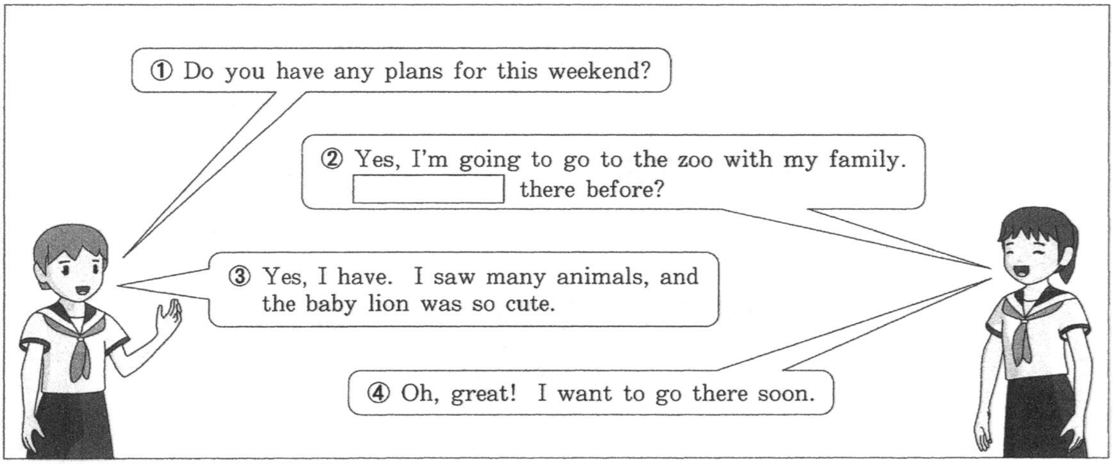

① Do you have any plans for this weekend?
② Yes, I'm going to go to the zoo with my family. ［　　　　］ there before?
③ Yes, I have. I saw many animals, and the baby lion was so cute.
④ Oh, great! I want to go there soon.

（2）　次の絵は，大騎（Daiki）が留学生のケイト（Kate）と下の会話をしている一場面を表している。この絵をもとに，下の問い（a）・（b）に答えよ。

Kate :　How was your winter vacation?
Daiki:　It was nice. I had a music event and I enjoyed it.
Kate :　Sounds good. ［　①　］ it?
Daiki:　I had it in our school. Look. This is the picture of it.
Kate :　Wow! You are singing! Who is the boy ［　②　］ next to you?
Daiki:　He is Kenta. He is good at it and he also sings well.

（a）　会話が成り立つように，［　①　］に入る適切な英語を，**4語**で書け。
……………………………………………………………………………………**答の番号【2】**

（b）　会話が成り立つように，［　②　］に入る適切な英語を，**3語**で書け。
……………………………………………………………………………………**答の番号【3】**

前期選抜学力検査

共通学力検査 | 英　　語

問題１・問題２・問題３
（筆記）

K 教英出版

令和５年度　京都府公立高等学校入学者選抜

前期選抜学力検査

共通学力検査　英　語

（50分）

解答上の注意

1　「始め」の指示があるまで，問題を見てはいけません。
2　**問題１・２・３（筆記）**は，この冊子の中の**１～４ページ**にあります。
3　**問題４・５・６（リスニング）**は，**問題１・２・３の終了後**に配布されます。
4　答案用紙には，**受付番号**を記入しなさい。氏名を書いてはいけません。
5　答案用紙の**答の欄**に答えを記入しなさい。採点欄に記入してはいけません。
6　答えを記入するときは，それぞれの問題に示してある**【答の番号】**と，答案用紙の**【答の番号】**とが一致するように注意しなさい。
7　答えを記号で選ぶときは，答案用紙の**答の欄**の当てはまる記号を○で囲みなさい。答えを訂正するときは，もとの○をきれいに消すか，それに×をつけなさい。
8　答えを記述するときは，丁寧に書きなさい。
9　**英語で書くときは，大文字，小文字に注意しなさい。筆記体で書いてもよろしい。**
10　**語数制限がある場合は，短縮形（I'm など）と数字（100 や 2023 など）は１語として数え，符号（，/．/？/！/“ ”など）は語数に含めないものとします。**
11　答えの書き方について，次の**解答例**を見て間違いのないようにしなさい。

解答例

1　次の質問に対する適当な答えを，３語の英語で書け。
……………………………**答の番号【１】**
Are there seven days in a week?

2　次の問い（１）・（２）に答えよ。

（１）　北と反対の方角として最も適当なものを，次の（ア）～（ウ）から１つ選べ。　…**答の番号【２】**
（ア）　東　　（イ）　西　　（ウ）　南

（２）　次の［　　］内の（ア）～（ウ）を，文意が通じるように正しく並べかえ，**記号**で書け。
…………………………**答の番号【３】**
My［（ア）name /（イ）Taro /（ウ）is］.

問題番号		答の番号	答の欄	採点欄
1		【１】	Yes, there are.	【１】
2	（１）	【２】	ア　イ　(ウ)	【２】
	（２）	【３】	（ア）→（ウ）→（イ）	【３】

共通学力検査 英語（筆記）	受付番号	1	2	3	4	5	6	得点	

2　ある中学校のボランティア部に所属する生徒９人と，先生１人の合計10人がごみ拾いのボランティア活動に参加した。次の**資料**は，生徒９人がそれぞれ拾ったペットボトルの本数を示したものである。**資料**中のa，bは$0 < a < b$であり，生徒９人がそれぞれ拾ったペットボトルの本数はすべて異なっていた。また，生徒９人がそれぞれ拾ったペットボトルの本数の平均値はちょうど８本であった。

資料　生徒９人がそれぞれ拾ったペットボトルの本数（本）

3，	9，	15，	6，	11，	8，	4，	a，	b

このとき，次の問い（**1**）・（**2**）に答えよ。（４点）

（**1**）　a，bの値をそれぞれ求めよ。　……………………………………**答の番号【10】**

（**2**）　**資料**に，先生が拾ったペットボトルの本数を追加すると，生徒と先生の合計10人がそれぞれ拾ったペットボトルの本数の四分位範囲はちょうど９本であった。このとき，先生が拾ったペットボトルの本数を求めよ。

……………………………………**答の番号【11】**

3　右の図のように，正八面体ＡＢＣＤＥＦがある。また，ＡＦ＝４cmである。

このとき，次の問い（**1**）〜（**3**）に答えよ。（７点）

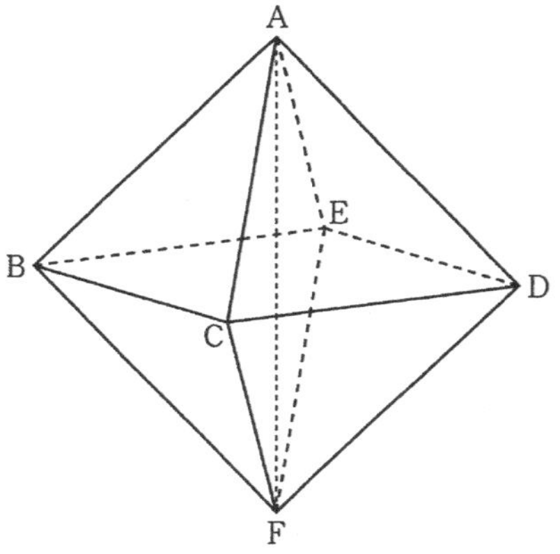

（**1**）　この正八面体の１辺の長さを求めよ。

……………………………**答の番号【12】**

（**2**）　線分ＢＤの中点をＨとするとき，三角錐《すい》ＨＢＦＥの体積を求めよ。　……………………**答の番号【13】**

（**3**）　点Ａと平面ＢＦＣとの距離を求めよ。

……………………………**答の番号【14】**

1 次の問い（**1**)～(**9**）に答えよ。(18 点)

（**1**） $-3^2\times\{7-(-4)^2\}$ を計算せよ。 ……………………………………………**答の番号【1】**

（**2**） $\dfrac{3x-2y}{6}-\dfrac{4x-y}{8}$ を計算せよ。 ……………………………………………**答の番号【2】**

（**3**） $3\sqrt{50}-\sqrt{2}-\sqrt{54}\div\sqrt{3}$ を計算せよ。 ……………………………………………**答の番号【3】**

（**4**） 次の連立方程式を解け。 ……………………………………………**答の番号【4】**

$$\begin{cases}2x-3y=5\\3x-(4x-6y)=-1\end{cases}$$

（**5**） 関数 $y=-2x^2$ について，x の値が a から $a+2$ まで増加するときの変化の割合が -40 である。このとき，a の値を求めよ。 ……………………………………………**答の番号【5】**

（**6**） $(2x+y+5)(2x+y-5)$ を展開せよ。 ……………………………………………**答の番号【6】**

（**7**） 2次方程式 $6x^2+2x-1=0$ を解け。 ……………………………………………**答の番号【7】**

（**8**） 右の図のように，正三角形ＡＢＣと正五角形ＤＥＦＧＨがあり，頂点Ｅは辺ＡＢ上に，頂点Ｇは辺ＢＣ上に，頂点Ｈは辺ＣＡ上にある。このとき，$\angle x$ の大きさを求めよ。 ………**答の番号【8】**

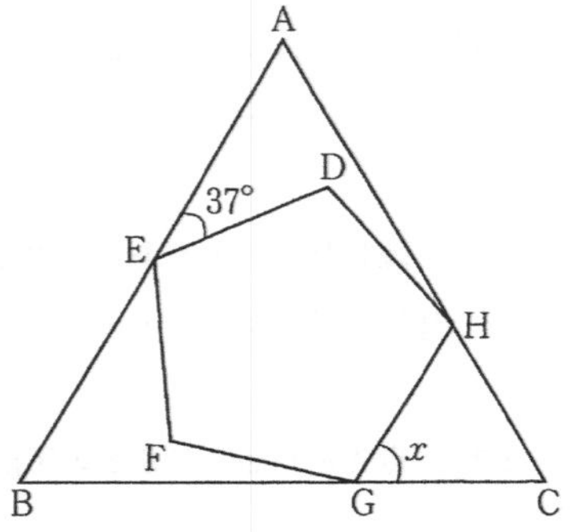

（**9**） あたりくじが２本，はずれくじが２本の合計４本のくじが入った箱がある。この箱から，太郎さん，次郎さん，花子さんが，この順に１本ずつくじをひく。このとき，花子さんだけがあたりくじをひく確率を求めよ。ただし，ひいたくじは箱にもどさず，どのくじがひかれることも同様に確からしいものとする。

……………………………………………**答の番号【9】**

【裏へつづく】

このページに問題は印刷されていません

令和５年度　京都府公立高等学校入学者選抜

前期選抜学力検査

共通学力検査　数　学

（50分）

解答上の注意

1　「始め」の指示があるまで，問題を見てはいけません。
2　問題は，この冊子の中の**１～４ページ**にあります。
3　答案用紙には，**受付番号**を記入しなさい。氏名を書いてはいけません。
4　答案用紙の**答の欄**に答えを記入しなさい。採点欄に記入してはいけません。
5　答えを記入するときは，それぞれの問題に示してある**【答の番号】**と，答案用紙の**【答の番号】**とが一致するように注意しなさい。
6　答えを記号で選ぶときは，答案用紙の**答の欄**の当てはまる記号を○で囲みなさい。答えを訂正するときは，もとの○をきれいに消すか，それに╳をつけなさい。
7　答えを記述するときは，丁寧に書きなさい。
8　**円周率は π としなさい。**
9　**答えの分数が約分できるときは，約分しなさい。**
10　**答えが $\sqrt{\ }$ を含む数になるときは，$\sqrt{\ }$ の中の数を最も小さい正の整数にしなさい。**
11　**答えの分母が $\sqrt{\ }$ を含む数になるときは，分母を有理化しなさい。**
12　答えの書き方について，次の**解答例**を見て間違いのないようにしなさい。

解答例

1　次の計算をせよ。　……………………答の番号【１】
　１＋２＋３

2　１辺が３cmの正方形の周の長さを求めよ。
……………………………答の番号【２】

3　次の問い（１）・（２）に答えよ。

（１）　１けたの正の整数のうち，３の倍数を求めよ。
……………………答の番号【３】

（２）　北と反対の方角として最も適当なものを，次の（ア）～（ウ）から１つ選べ。　……答の番号【４】
（ア）東　（イ）西　（ウ）南

問題番号		答の番号	答　の　欄	採点欄
1		【１】	6	【１】
2		【２】	12 cm	【２】
3	（１）	【３】	3, 6, 9	【３】
	（２）	【４】	ア　イ　㋒	【４】

共通学力検査	受付番号						得点
数学		1	2	3	4	5	6

お詫び
著作権上の都合により、文章は掲載しておりません。
ご不便をおかけし、誠に申し訳ございません。
教英出版

（野間《のま》秀樹《ひでき》「言語存在論」による……一部表記の変更がある）

注

*反覆…本文より前の部分で、ことばが、受け手・発し手の間で表される場ごとに異なった意味となることだと述べられており、本文では「反復」と区別して使用されている。
*而して…そうして。
*点景…風景画や風景写真で、趣を出すために加えられるもの。
*言語場…本文より前の部分で、受け手・発し手の間で音や文字を用いてことばが表される場だと述べられている。
*間主観性…自己の認識のみならず、他者の認識も含めた共同的な作用によって成り立つ主観の在り方。
*の謂い…という意味。
*結節環…ある物と他の物とを結び付ける手がかり。

（1）本文中の a それは知れる についての説明として最も適当なものを、次の（ア）～（エ）から一つ選べ。……答の番号【11】
（ア）幼い子どもがことばを教え＝学ぶ姿を見ることで、自分は言語をいつどのように習得したかを自然と理解できるということ。
（イ）幼い子どもがことばを教え＝学ぶ姿を見ることで、自分もまだことばを学ぶ必要があることを自然と理解できるということ。
（ウ）幼い子どもが言語を習得していく姿を見ることで、幼い子どもにはことばを用いる遊びを生み出す力があることを自然と理解できるということ。
（エ）幼い子どもが言語を習得していく姿を見ることで、幼い子どもの言語の習得がどれほど難しいかを自然と理解できるということ。

（2）本文中の b 創っている は、二つの文節に区切ることができる。この文節どうしの関係として最も適当なものを、次の（ア）～（エ）から一つ選べ。……答の番号【12】
（ア）修飾・被修飾の関係　（イ）補助の関係
（ウ）主・述の関係　（エ）並立の関係

（3）本文中の c 教え＝学ぶという永き係わり について述べた文として最も適当なものを、次の（ア）～（エ）から一つ選べ。……答の番号【13】
（ア）言語場において、言語を遂行することによってもたらされるものである。
（イ）言語場において、いま・ここでの言語の実践に基づいたものである。
（ウ）言語場において、言語が反復されることによって成り立ったものである。
（エ）言語場において、過去の経験をうちに蔵する言語を書き換えるものである。

（4）本文中の d 生物的 は漢字一字の接尾語が二字の熟語に付いて構成されている三字熟語である。d 生物的 と同じ構成の三字熟語が波線部（〰〰）に用いられているものを、次の（ア）～（オ）から**すべて**選べ。……答の番号【14】
（ア）社会の情報化が進んでいる。　（イ）この作品は未完成だ。
（ウ）季節感が伝わる表現だ。　（エ）衣食住は生活の基本だ。
（オ）今週は不安定な天気が続く。

（5）本文中の e 膨 という漢字を、「膨れる」と表記して訓で読むとする。このときの「膨れる」の漢字の部分の読みを**平仮名**で書け。……答の番号【15】

（6）本文における段落どうしの関係を説明した文として最も適当なものを、次の（ア）～（エ）から一つ選べ。……答の番号【16】
（ア）2段落では、1段落で述べた内容を具体例を使って示した後、1段落の内容を要約してわかりやすく説明している。
（イ）4段落では、3段落で述べた内容を比喩を用いて言い換えた後、異なる立場から主張を提示している。
（ウ）6段落では、5段落で述べた主張を簡潔に言い直したうえで、5段落の問題提起に対する答えを導き出している。
（エ）8段落では、7段落までの主張を踏まえつつ、7段落で繰り返し述べた内容をもとに話題を広げている。

【裏へつづく】

（7）冬馬さんのクラスでは、本文を学習した後、各班でテーマを決めてからグループディスカッションをすることになった。次の会話文は、冬馬さんの班で話し合ったものの一部である。これを読み、後の問い㈠～㈢に答えよ。

冬馬　「あらゆることばは社会的な存在である」とは、どういうことだったかな。

友香　本文から［A］ものだということだとわかるよ。

冬馬　なるほど。社会的な存在であることばは、意味の振幅が必然的だとも述べられていたね。

麻由　そうだね。意味の振幅が起こる理由は、言語場において人々がたとえ同じ形のことばを使っていても、言語の意味が［B］において実現するからだと本文から読み取れるね。人がそのように異なるから意味の振幅は必然的で、言語が共生性を持つんだね。

友香　うん。だからこそ、私たちは他者のことばを学びたくなるんだね。

拓弥　そうだね。本文をよく理解できたし、グループディスカッションのテーマは「ことばを学ぶことについて」にしようよ。

㈠　会話文中の［A］に入る最も適当な表現を、次の（ア）～（エ）から一つ選べ。……………**答の番号【17】**

（ア）意味を交換するために交わされるさまざまなことばは、その中に〈教える〉〈学ぶ〉といった契機を持っており、そのことばを用いることは人と人とが互いに異なることを感じ取らせる

（イ）異なる人たちがそれぞれに用いることばは、その基礎に人と人とが互いの存在を知覚する契機を持っており、互いのことばの形が異なることを認識することでことばの意味が異なることを教え＝学ぶことができる

（ウ）人と人とが言語場において意味を伝え合うことばは、本源的な共生性を持っており、相手のことばと自分のことばが同じ意味で実現することが〈教える〉〈学ぶ〉きっかけとなる

（エ）人が発し得るさまざまなことばは、世界のうちに存在する言語場において人ごとに異なる意味で実現され、言語場でことばが発されること自体に教え＝学ぶきっかけを含む

㈡　会話文中の［B］に入る適当な表現を、本文の内容を踏まえて、**二十字以上、三十字以内**で書け。……………**答の番号【18】**

下書き用

㈢　グループディスカッションをするときの一般的な注意点として**適当でないもの**を、次の（ア）～（エ）から一つ選べ。……………**答の番号【19】**

（ア）話し合いの目的を理解したうえで発言するとよい。

（イ）疑問点があっても質問せずに他者の意見に同意するとよい。

（ウ）自分の意見との共通点を探しながら他者の意見を聞くとよい。

（エ）他者の発言を聞いて自分の考えを深めていくとよい。

三 次の文章は、「沙石集《しゃせきしゅう》」の一節である。**注**を参考にしてこれを読み、問い（1）～（4）に答えよ。（12点）

*常州《じやうしう》に、*観地房《くわんちばう》の阿闍梨《あじやり》と云《い》ふ真言師、*説経なんども*なびらかにせし、ありき。但し、機嫌も知らぬ程の長説法なり。*堂供養《だうくやう》の導師にて、例の長説法するに、*舞楽の*結構して、*童舞《わらはまひ》なれば、殊に見物の男女多かりけり。説法の果つるを待つ程に、余りに長くして、日景《ひかげ》かたぶきければ、見物の者共も、「いかにも、説法は果つるか」と問ひければ、「この災ひが、未《いま》だ高座にあるぞ」とぞ、人云ひ合ひける。さて日暮れければ、「ただ舞へ」とて、舞楽計《ばか》りしてけり。

「聖人に心無し。万物の心を以《も》て心とす」と云ひて、万事、人の心を守《まぼ》り、時により、機に随《したが》ふべし。仏法の理《ことわり》を聞きたかる機に、心閑《しづ》かなる道場にては、丁寧にも説くべし。舞楽の供養には心あるべかりけり。

*法華《ほつけ》には、「*法愛の者にも、多く説くべからず」と見えたり。目出たき事も、人の心に飽く程になれば、益《やく》無し。ただ心に随はすべきにや。

（「新編日本古典文学全集」による）

注

*常州…現在の茨城県の一部。
*観地房の阿闍梨と云ふ真言師…観地房の阿闍梨という呼び名の、真言宗の作法によって祈祷《きとう》をする僧。
*説経…仏の教えを説き聞かせること。　*なびらかに…流ちょうに。
*堂供養の導師…寺堂を建てて供養する際に、中心となる僧。
*舞楽…舞を伴う雅楽。　*結構…準備。　*童舞…子どもが舞う舞。
*法華…法華経《ほけきょう》。　*法愛の者…仏法に対する深い思いがある者。

（1） 本文中の a 長説法する の主語である人物と、同じ人物が主語であるものは、本文中の二重傍線部（‖）のうちどれか、最も適当なものを、次の（ア）～（エ）から一つ選べ。……答の番号【20】

（ア） ありき　（イ） 多かりけり　（ウ） 問ひければ　（エ） 云ひ合ひける

（2） 本文中の b 日景かたぶきければ の解釈として最も適当なものを、次の（ア）～（エ）から一つ選べ。……答の番号【21】

（ア） 日が傾いたのは　（イ） 日が傾いたとすれば
（ウ） 日が傾いたので　（エ） 日が傾いたとしても

（3） 本文中の c ただ舞へ の平仮名の部分をすべて**現代仮名遣い**に直して、**平仮名**で書け。また、次の（ア）～（エ）のうち、波線部（〰）が現代仮名遣いで書いた場合と同じ書き表し方であるものを一つ選べ。……答の番号【22】

（ア） 股引《ももひき》の破れをつづり　（イ） 心に思ふことを
（ウ） 雨など降るもをかし　（エ） 白波の上に漂ひ

（4） 次の会話文は、里絵さんと誠司さんが本文を学習した後、本文について話し合ったものの一部である。これを読み、後の問い㈠～㈢に答えよ。

> **里絵** 本文では、二つの言葉を引用することによって話がまとめられていたね。
>
> **誠司** そうだね。一つ目の「聖人に心無し。万物の心を以て心とす」という言葉は、［A］と解釈できるから、本文に登場する観地房の阿闍梨の行動を受けて、教訓として示した言葉だと言えるね。
>
> **里絵** つまり、話をするときは、人の気持ちを［B］ことに加え、［C］必要があるということを伝えているんだね。
>
> **誠司** うん。さらに、二つ目の「法愛の者にも、多く説くべからず」という言葉を用いて、［D］ということを伝えているね。私たちも、これらの二つの言葉を受けて、人前で話をするときは気をつけていきたいね。

㈠ 会話文中の［A］に入る最も適当な表現を、次の（ア）～（エ）から一つ選べ。……答の番号【23】

（ア） 聖人は他者のことを気にかけるため、自分の感情を他者に伝えない
（イ） 聖人は他者の意見を自分の意見とするため、全ての意見に優劣をつけない
（ウ） 聖人は他者の判断を信頼しているため、自分の判断を押しつけない
（エ） 聖人は他者の考えを自分の考えとするため、固執した考えを持たない

㈡ 会話文中の［B］・［C］に入る適当な表現を、本文の内容を踏まえて、［B］は**三字以上、五字以内**で、［C］は**五字以上、八字以内**で書け。……答の番号【24】

下書き用
B
C

㈢ 会話文中の［D］に入る最も適当な表現を、次の（ア）～（エ）から一つ選べ。……答の番号【25】

（ア） すばらしい話も、聞く人が満足すれば、普及しない
（イ） すばらしい話も、聞く人が嫌気がさせば、ためにならない
（ウ） すばらしい話も、人に話すことに満足すれば、役に立たない
（エ） すばらしい話も、人に話すことに嫌気がさせば、価値がなくなる

【国語おわり】

令和四年度　京都府公立高等学校入学者選抜

前期選抜学力検査

共通学力検査

国　語

（50分）

解答上の注意

1　「始め」の指示があるまで、問題を見てはいけません。
2　問題は、この冊子の中の**1～6ページ**にあります。
3　答案用紙には、**受付番号**を記入しなさい。氏名を書いてはいけません。
4　答案用紙の**答の欄**に答えを記入しなさい。採点欄に記入してはいけません。
5　答えを記入するときは、それぞれの問題に示してある**【答の番号】**と、答案用紙の**【答の番号】**とが一致するように注意しなさい。
6　答えを記号で選ぶときは、答案用紙の**答の欄**の当てはまる記号を○で囲みなさい。答えを訂正するときは、もとの○をきれいに消すか、それに×をつけなさい。
7　答えを記述するときは、丁寧に書きなさい。
8　**字数制限がある場合は、句読点や符号なども一字に数えなさい。**
9　答えの書き方について、次の**解答例**を見て間違いのないようにしなさい。

解答例

一　木曜日の翌日は何曜日か、**漢字一字**で書け。……**答の番号【1】**

二　次の問い（1）・（2）に答えよ。

（1）北と反対の方角として最も適当なものを、次の（ア）～（ウ）から一つ選べ。……**答の番号【2】**

（ア）東　（イ）西　（ウ）南

（2）次の（ア）～（オ）のうち、奇数を**すべて選べ**。……**答の番号【3】**

（ア）1　（イ）2　（ウ）3
（エ）4　（オ）5

問題番号	答の番号	答の欄	採点欄
一	【1】	金 曜日	【1】
二（1）	【2】	ア イ ㋒	【2】
二（2）	【3】	㋐ イ ㋒ エ ㋔	【3】

共通学力検査
国　語
受付番号
1 2 3 4 5 6
得　点

一　次の文章を読み、問い（1）～（8）に答えよ。（19点）

生きていればなにかしらのすれ違いやトラブルもあるし、その際、心がチクリと痛むことがたまにある。傷つけるつもりはなくとも人を傷つけてしまったり、親切でしたこと、あるいは義務としてやったことなどが逆恨みされてしまうなど、まったく世の中はままならないものである。とりわけ、異なる価値観や立場の人が相手である場合、いかにこちらが言葉を届けようとしてもうまく届かないこともある。人とうまくやっていくというのは――他人を分かること、自分を分かってもらうことなどは――本当に難しい。できれば、そうした痛みを受けることなく、平穏に、うまくやれる喜びだけを感じて生きてゆきたいものである。

ただ、そうした「痛み」が無駄なもの、*忌《い》むべきものかといえば、必ずしもそういうわけではないように思われる。なぜなら、それは「分かりたかった」「分かってほしかった」という自分の心の在り方を示すものであり、たとえその心の在り方ゆえに、ちょっとしたことで他者との関係上苦痛を感じるとしても、それは自身にとってその関係が重要だからそうなのであって、だからこそやはりその痛みはそのことを知らせてくれるという点で価値があるのだ。ただし、気をつけるべきポイントがここにはある。たとえば、あなたにとってそうした痛みの意味が「ある」のではなく「あった」にすぎないものだとすれば、それはあなたとその人との関係性の限界がそこまでであることを示していることになる。もし、その限界を超えようと思うのであれば、まずはその痛みをきちんと痛みとして認めつつ、相手の重要性と自身の願いを自覚し、そのうえで、「自身がどうすべきか」を問い直す必要があるだろう。これをすることなく、「結局分かり合えないんだよね、人ってしょせんそんなものだから」と言ってしまえば、たしかに痛みから逃れて楽にはなれるのだが、それは実際に心が痛んだというその事実を過小評価するようなものである。別に学問に限らず、恋愛関係や友人関係などにおいても、一度は自身のそうした心の痛みにきちんと向き合い、そこでなにをどうすべきか真剣に考えてみてもよいのではないだろうか。もちろんその結果、相手と距離をとることもあるだろうが、しかしそれでも「あいつは人として間違っている」とか「あいつがいなくなれば世の中がもっと良くなるはずだ」などといった憎悪《ぞうお》や偏見に陥る必要はない。

普段当たり前と信じていることを問い直し、自分自身が正しいかどうか、あるいは自身がなにをすべきかをその理由に遡って考えることは、こうしたことと似ている。うまく生きられないとき、あるいは、うまく生きていながらもどこか心が痛んだりモヤモヤするとき、あなたは「今のあなたの認識」の限界ライン近く

【下へつづく】

にいるといってもよい。その痛みに耐えながらも、世界のさらなる価値を信じ、それまでの限界を乗り越えたとき、あなたにとっての世界は拡《ひろ》がってゆくだろう。それは、価値観が豊かになり、他人をより良く理解することにもつながるのだが、そのためにはまず自身と向き合う必要がある。*本書で紹介した議論には、われわれの心にチクリと痛みを与えかねないような「理由の問いかけ」や「或《あ》る種の答え方（という応え方）」がたくさん含まれている。「ルールをただ守ればそれでいいと思っていないか?」「自分は善を知っている、となぜいえるのか?」「環境開発の恩恵と引き換えに、自然破壊に加タンしているのではないか?」「動物に対してひどいことをしていないか?」「強者である自分たちの利益のために、生命というそれ自体価値あるものを利用してはいないか?」と問われ、それに真剣に向き合うとすれば、おそらく多くの人が心にチクリとした痛みを感じるだろう。そして、そこから導かれたなんらかの答えは或る人にとっては安らぎを、そして別の人にとってはやはり痛みを与えるものとなるかもしれない。

そうした痛みから逃れる手っ取り早い方法は、それを問いかける側の理屈になんらかの欠点・難点があることを指摘したり、あるいは、問いかける理論を駆使する人に対して「人でなし」「頭でっかち」「世間知らず」「*原理主義者」「差別主義者」などのレッテルを一方的に貼りつけてその言説を無効化しようとするものである。そして、「こちらが問われるべきことなどないんだ」と安心感に浸ることでその痛みを回避できるわけだ。ただし、それは前述の、他人とうまくやりたいけどやれないとき、その痛みから逃れるために、自分自身を問い直すことなくそのうまくいかなさを自分以外のせいにすることにも似ている。そうやって世界に対する自分の関わり方の可能性をそこで閉じてしまうことが一度しか与えられていない、そして、かけがえがなく取り戻すことのできない有限な時間に生きる自分自身の人生として本当にふさわしいのだろうか。やはりそのことはきちんと考えてみたほうがよい。

（中村《なかむら》隆文《たかふみ》「『正しさ』の理由」による）

注
*忌む…好ましくないものとして避ける。
*本書で紹介した議論…本文より前の部分で、倫理的な問題について様々な説を踏まえて筆者の意見が述べられている。
*原理主義者…特定の理念や原則に基づくことを厳格に守る人。

（1）　本文中の ままならない の意味として最も適当なものを、次のⅠ群（ア）～（エ）から一つ選べ。また、本文中の しょせん の意味として最も適当なものを、後のⅡ群（カ）～（ケ）から一つ選べ。……………………答の番号【1】

Ⅰ群　（ア）責任がとれない　（イ）いつも変わらない　（ウ）心が休まらない　（エ）思いどおりにいかない

Ⅱ群　（カ）落ち着くところは　（キ）長期的に捉えると　（ク）悲しいくらいに　（ケ）広い意味では

（2）本文中の[b]そうした痛み は、何によって引き起こされるものか。最も適当なものを、次の（ア）～（エ）から一つ選べ。……答の番号【2】

（ア）他者と自分の価値観に相違がないこと。
（イ）他者や自分の気持ちを損なうような交流がないこと。
（ウ）他者に対する考えが自分の中で変化すること。
（エ）他者と自分が意思疎通をする中で食い違いが生じること。

（3）次の文は、本文中の[c]「あった」にすぎないものだとすれば に関して述べたものである。文中の □ に入る表現として最も適当なものを、後の（ア）～（エ）から一つ選べ。……答の番号【3】

> 痛みの意味が「あった」にすぎないものだとすることは、その人との関係がそれ以上にはならないことを示しており、痛みを認め、□ とすべきところを、しなかった状態を指している。

（ア）自分が求めることと相手の重要性を確認し、相手の振る舞いを見直そう
（イ）自分の行動や相手が重要であることを再確認し、相手の願望をかなえよう
（ウ）相手の重要性を認識し、自分の思いを踏まえて適切な行動を検討しよう
（エ）相手が重要でも、関係を希薄にすることによって自分の痛みを退けよう

（4）本文中の[e]陥る と[f]遡って の漢字の部分の読みをそれぞれ**平仮名**で書け。……答の番号【4】

（5）本文中の[g]うまく生きて は、二つの文節に区切ることができる。この文節どうしの関係として最も適当なものを、次の（ア）～（エ）から一つ選べ。……答の番号【5】

（ア）修飾・被修飾の関係　（イ）補助の関係
（ウ）主語・述語の関係　（エ）並立の関係

（6）本文中の[h]加タン の片仮名の部分を**漢字**に直し、**楷書**で書け。……答の番号【6】

（7）本文中の[i]それ の指す内容として最も適当なものを、次の（ア）～（エ）から一つ選べ。……答の番号【7】

（ア）問いに対する答えが多様であると指摘し、たとえ真剣に臨んだとしても自分一人で問いを解決することはできないと思うことで痛みを回避すること。
（イ）問いの不完全さを示したり、問う者を非難したりして問いとしての意味を失わせて、自分が向き合うべきことはないと思うことで痛みを回避すること。
（ウ）問う者に一方的な評価を加えるために、論理の矛盾点を指摘して問いを破綻させ、自分が問われるべき理由はないのだと思うことで痛みを回避すること。
（エ）問いが難解だと指摘したり、問う者を追及して真意を解明したりして、問いが自分を非難するものとして不十分だと思うことで痛みを回避すること。

（8）次の会話文は、仁さんと唯さんが本文を学習した後、本文について話し合ったものの一部である。これを読み、後の問い㈠・㈡に答えよ。

> 仁　本文では、「痛み」を感じることは悪くはないと述べられているよ。
> 唯　そうだね。他者との関係の重要性ゆえに私たちは痛みを感じるし、その痛みは、自分が他者に対して相互理解を求めていた A だから、私たちにとって有用だとも言えるんだね。
> 仁　うん。痛みから逃げず、自分を問い直すことは、「世界に対する自分の関わり方の可能性」が開かれることになると本文から読み取れるね。
> 唯　つまり、自分の世界は、今の自分が持つ B によって大きくなり、そのことがものの見方を多様化して C を深めることも可能にするんだね。そうして自分自身の人生をより良いものにしていくことが、私たちにとって適当なことなのではないかと筆者は述べているよ。

㈠ 会話文中の A に入る最も適当な表現を、本文中から**十字**で抜き出して書け。……答の番号【8】

㈡ 会話文中の B ・ C に入る適当な表現を、本文の内容を踏まえて、B は**十字以上、十三字以内**で、C は**四字以上、八字以内**で書け。……答の番号【9】

下書き用

B □□□□□□□□□□□□□ によって大きくなり、そのことがものの見方を多様化して

C □□□□□□□□

【裏へつづく】

二　次の文章を読み、問い(1)〜(7)に答えよ。(19点)
(1〜10は、各段落の番号を示したものである。)

1　*エルンスト・マッハの描く「自画像」は、私の身体と世界との間に存在する感覚を*仔細《しさい》に反省すると、外界と内界の区別があいまいになっていく気分をよく表現しています。

2　この「自画像」には、a意表を突かれます。正面を鏡に映した、客観的視点から自己を見つめる自画像に慣れているからでしょう。しかし、哲学者マッハの観察の通り、私から見える「私の姿」は、b片目を閉じると、まさに彼が描いたような形をしています。「私」の見ている主観的な世界の境界は、なかなか意識にのぼりません。

エルンスト・マッハによる自画像

3　この自画像では、右手に鉛筆のような筆記具を持っています。デッサンをするときには、眼《め》で見える世界、あるいは*自己の内面のビジョンを、意識して観察し、絵を描いていくことでしょう。形、大きさ、角度、距離、固さと柔らかさ、光と影、色。このような量や形の配置、お互いの関係性を観察し、測ることを行っていると思います。

4　世界の中で生きる私たちの日常も、どこかで観察し、測る行為を無意識のうちに行っています。直接は眼に見えない、時間や温度も測ろうとします。

5　その基準には、身体の感覚があります。目、耳、鼻、舌、皮膚。人間の五感は身体に備わったセンサーです。指、手、足なども動員することで、身体そのものを道具として、世界を測ろうとします。身体感覚は、その尺度（measure）となります。身体の外側にある遠いところにある世界、たとえば、遠くの山、空に浮かぶ雲、夜の空に輝く星々には手を伸ばしても直接触れることはできません。手が届かなくても、目や耳を使って、大きさや形、距離などを感じることができるものもあります。空に浮かぶ月も、水面に映る月の姿も、手に取ることはできないことを経験的に学び、c世界との距離感を獲得していきます。

6　測ろうとする対象は、身体の外側に広がる外的な対象と、身体の内側の感覚に根差した内的な対象とに d分けられそうです。外側にある対象は、客観的な数値で表しやすく、内側にある対象は難しそうです。□、よく反省してみると、双方は関連し合っているので、そう単純に分けられそうにはありません。熱い／冷たいの尺度となる温度は温度計で測ることのできる客観的な量ですが、温度計で同じ値を示されても、熱い／冷たいは、人によって感覚が異なります。気分や体調の影響も受けます。マッハの自画像のように、私の観察する「私の身体」は、私の内か外か、あいまいです。

7　身体の内側の感覚の中には、皮膚の表面で感じられる感覚もあれば、体の内部で感じる痛みなどの感覚もあります。感情は内的なもののように思われますが、顔の表情や顔色、手の動作、体つきに感情は立ち現れてきます。外側に表出した他者の感情を*慮《おもんぱか》ることで、私たちの内面や行為や言葉が影響を受けることもあります。そこから派生するものは私の感情ということになるでしょう。

8　身体の外側でも内側でも、何かしら測ることを行い、その結果「量」を得ています。それを反映するように、言葉には対になっている関係が数多く埋め込まれています。長い／短い、大きい／小さい、広い／狭い、重い／軽い、右／左、速い／遅い、熱い／冷たい、良い／悪い、嬉《うれ》しい／悲しい……外国語を習い始める際にも、早い段階で表現したくなる語彙です。対になる語群は、量的なものだけにとどまらず、質的なものにまでおよんでいます。

9　主観的な量と客観的な量のズレが意識される場合もあります。時間感覚はそのよい例でしょう。一時間くらい経《た》ったかな、と思って時計を見ると、まだ三〇分しか経っていなかった、といった経験をすることがあります。この時、おそらくは時計を信頼して、外の時間に内の時間を合わせます。様々な「測定する機械」に囲まれた私たちは、数値を交換して社会的に意思疎通することを日常的に行っています。外的な基準、客観的な基準を参照することで、主観的な評価のゆらぎを再測定し、修正をかけている、といえます。世界を予測しつつ、生きている。予測しながら心身の態勢を整えています。

10　「人間は万物の尺度である」という*プロタゴラスの*相対主義的考えを示す断片は、あなたも私も正しい、という真実の決定不可能性の*脆弱《ぜいじゃく》さを含んでいます。真実がなんであるのかがあいまいにされ、人々の判断が麻痺《まひ》する危険すらあるかもしれません。そのためでしょう、*ソクラテスと若き秀才*テアイテトスの対話の中で、真の知識の基準としては却下されていきます。確かにその通りですが、この言葉は、人間以外の生命体と出会ったときには、人間の文化文明の*外郭を浮かびあがらせます。「人間」と「万物」の適用範囲に対しての熟考が必要なのだと思います。むしろ、「人間」の指し示す範囲は「我々」意識とつながっています。見慣れた「我々」以外を「人間」として迎え入れるかどうか、「我々」の境界線が外の世界との関係をつくっていきます。「人間」の構成が変わるとき、「万物」の尺度にも動揺が生じるのでしょう。

（三浦《みうら》均《ひとし》「映像のフュシス」による……一部表記の変更や省略がある）

6　右の図のような，長いすAと長いすBが，それぞれたくさんある。長いすAには1脚あたり必ず2人座り，長いすBには1脚あたり必ず3人座るものとする。長いすA，Bを使用してちょうどn人座るとき，長いすA，Bの脚数の組み合わせの総数は何通りあるか，長いすAだけ使用する場合と長いすBだけ使用する場合を含めて考える。

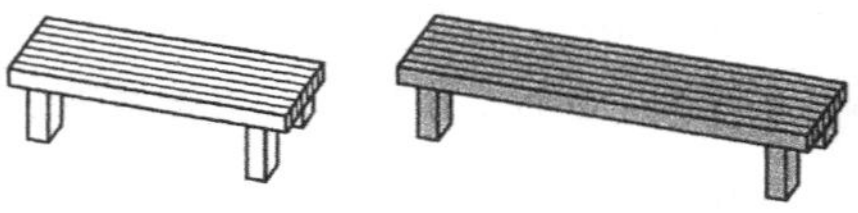

長いすA　　長いすB

たとえば，$n=9$のとき，長いすAを3脚と長いすBを1脚使用する場合と，長いすBだけを3脚使用する場合があるから，長いすA，Bの脚数の組み合わせの総数は2通りである。

次の表は，$n=2$，3，4，5，6のときの，長いすA，Bの脚数の組み合わせと，長いすA，Bの脚数の組み合わせの総数をまとめたものである。

n	長いすA，Bの脚数の組み合わせ	長いすA，Bの脚数の組み合わせの総数
2	長いすA…1脚 長いすB…0脚	1通り
3	長いすA…0脚 長いすB…1脚	1通り
4	長いすA…2脚 長いすB…0脚	1通り
5	長いすA…1脚 長いすB…1脚	1通り
6	長いすA…3脚 長いすB…0脚　，　長いすA…0脚 長いすB…2脚	2通り

このとき，次の問い（1）～（3）に答えよ。ただし，nは2以上の自然数とする。（7点）

（1）　$n=20$のとき，長いすA，Bの脚数の組み合わせの総数は何通りあるか求めよ。　……………答の番号【20】

（2）　$n=127$のとき，長いすA，Bの脚数の組み合わせの総数は何通りあるか求めよ。　…………答の番号【21】

（3）　aを2以上の自然数とする。長いすA，Bの脚数の組み合わせの総数がa通りあるときのnの値として考えられるもののうち，最小の値と最大の値を，それぞれaを用いて表せ。ただし，答えは，かっこがあればかっこをはずし，同類項があれば同類項をまとめて簡単にすること。　………………………………答の番号【22】

4　右の図のように，正三角形ＡＢＣがあり，辺ＢＣ上に点Ｄを，ＢＤ：ＤＣ＝７：２となるようにとる。また，△ＡＢＣと同じ平面上に点Ｅを，△ＡＤＥが正三角形となるようにとる。

このとき，次の問い（**1**）・（**2**）に答えよ。ただし，点Ｅは直線ＡＤに対して点Ｂと同じ側にないものとする。

（７点）

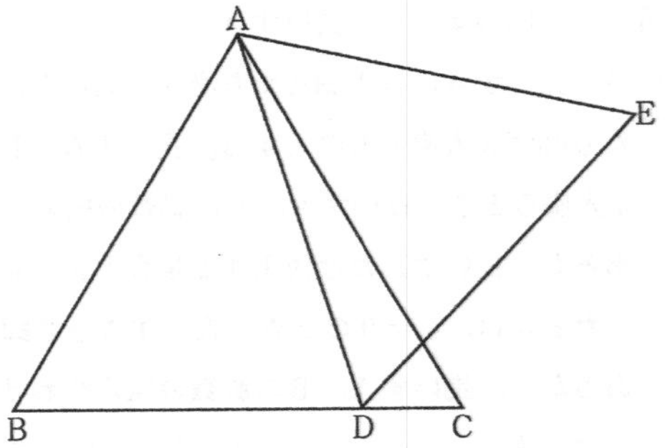

（**1**）　△ＡＢＤ≡△ＡＣＥであることを証明せよ。

……………………………**答の番号【15】**

（**2**）　２点Ｃ，Ｅを通る直線と直線ＡＤとの交点をＦとするとき，ＥＣ：ＣＦを最も簡単な整数の比で表せ。

……………………………**答の番号【16】**

5　右の図のように，直方体ＡＢＣＤ－ＥＦＧＨがあり，ＡＢ＝ＡＤ＝４cm，ＡＥ＝$2\sqrt{3}$ cmである。また，２辺ＥＦ，ＥＨの中点をそれぞれＩ，Ｊとする。

このとき，次の問い（**1**）～（**3**）に答えよ。（７点）

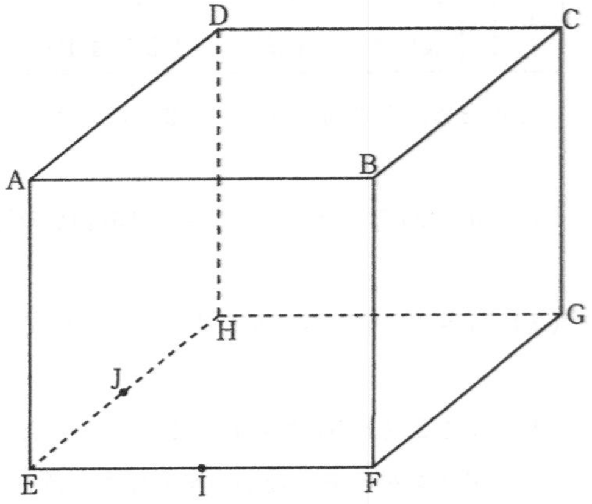

（**1**）　線分ＩＪの長さを求めよ。　……**答の番号【17】**

（**2**）　四角形ＢＤＪＩの面積を求めよ。

……………………………**答の番号【18】**

（**3**）　２点Ａ，Ｇを通る直線と四角形ＢＤＪＩとの交点をＫとするとき，四角錐《すい》ＫＥＦＧＨの体積を求めよ。

……………………………**答の番号【19】**

【裏へつづく】

2 次の英文は，高校生の大地（Daichi）と留学生のカーター（Carter）が交わしている会話である。下のランニングイベント（running event）の**リスト（list）**を参考にして英文を読み，下の問い（1）～（4）に答えよ。（8点）

Carter: What are you looking at on your phone?

Daichi: I am looking at a list of running events around our city. I checked the running events held during these two months, and I found these five running events. I'm thinking of joining one of them. [　①　]?

Carter: Oh, yes! Which event will we join among these five running events?

Daichi: Well, I joined this running event last year. When I was running, I saw a beautiful river. That was wonderful. I want to join this running event again. How about you?

Carter: Well, oh, I'm sorry. I can't join the events held on Saturday because I have a guitar lesson every Saturday.

Daichi: I see. Then, how about this one? The list says that we can choose one *category from four categories. The event will start at 3 p.m. to see the *sunset.

Carter: That sounds nice! I want to try it.

Daichi: Oh, look! The list says that people who are twenty years old or more can join it, so we can't do it because we are seventeen years old. We need to find another one.

Carter: So, we have to choose the running events held in [　②　], right?

Daichi: That's right. Which category do you want to join? I ran five *kilometers last year, but I'll try a longer *distance category this year.

Carter: This is my first time to join a running event and it will be difficult for me to try a long distance category. I think a shorter one like three kilometers or five kilometers is better.

Daichi: I agree. How about this event? Are you free on that day?

Carter: No, I will go to ABC Stadium to watch a soccer game with one of my friends from the morning on the day. The running event will start in the morning, so I can't join it.

Daichi: I see. Let's join another one.

Carter: What do you think about this running event?

Daichi: Are you talking about Muko *Marathon? My brother joined it last year. He said it is so hard for people who don't have much experience of running because we have to go up and down in a mountain.

Carter: Really? Then, I think we should choose ③<u>this running event</u>.

Daichi: I think so, too. Finally, we have decided the running event we will join! Which category will you run in?

Carter: I'll try the three kilometer category, and you?

Daichi: I'll choose the ten kilometer category. Do you have good shoes for running?

Carter: No, I don't. It's Friday today, so let's go to buy new shoes for the event tomorrow.

Daichi: OK.

リスト（list）	開催日	開始時間	参加資格	部門
（ア） かさマラソン(Kasa Marathon)	11月22日(日)	15：00	20歳以上	ハーフマラソン・10km・5km・3km
（イ） ふしマラソン(Fushi Marathon)	11月28日(土)	15：00	高校生以上	10km・5km・3km
（ウ） みやマラソン(Miya Marathon)	12月 6日(日)	13：00	高校生以上	ハーフマラソン・10km・3km
（エ） むこマラソン(Muko Marathon)	12月13日(日)	13：00	高校生以上	10km・5km
（オ） おとマラソン(Oto Marathon)	12月20日(日)	10：00	高校生以上	ハーフマラソン・10km・5km・3km

（注） category 部門　sunset 夕焼け　kilometer キロメートル　distance 距離　marathon マラソン

（1） [　①　] に入る表現として最も適当なものを，次の（ア）～（エ）から1つ選べ。……答の番号【4】

（ア） Do you want to try with me　（イ） Will you be busy during these two months

（ウ） Do you want me to join the event　（エ） Will you look for a running event without me

（2） 本文の内容と**リスト（list）**から考えて，[　②　] に入る月として最も適当なものを，英語1語で書け。……答の番号【5】

（3） 本文の内容と**リスト（list）**から考えて，下線部③にあたるものとして最も適当なものを，**リスト（list）**中の（ア）～（オ）から1つ選べ。……答の番号【6】

（4） 本文の内容と一致する英文として最も適当なものを，次の（ア）～（エ）から1つ選べ。……答の番号【7】

（ア） Carter has joined one of the running events on the list before.

（イ） Carter joins a soccer game at ABC Stadium every Saturday.

（ウ） Daichi got the information about Muko Marathon from his brother.

（エ） Daichi will try the three kilometer category in the running event they have chosen.

3 次の英文は，中学生の美《み》来《く》（Miku）が行ったスピーチである。これを読んで，問い（1）～（9）に答えよ。(24点)

One warm and sunny day during the spring vacation, my family went *strawberry picking. Mr. Mori, one of my father's friends, had a strawberry *farm and he *invited us to his farm. When my younger brother Akira heard about the strawberry picking, he looked happy but I wasn't interested in visiting the farm. I thought, "We can get strawberries at a supermarket so we [①] go to a farm to eat strawberries." Then my father said, "【 A 】 We can enjoy a white kind of strawberry on his farm." I thought, "A white kind of strawberry? What's that?"

When we arrived at the farm, a man ②(wear) a red cap was waiting. He was Mr. Mori and he took us to one of the *greenhouses. He said to us and the other people who were visiting the farm, "Hello, everyone. Thank you for coming today. Here, you can enjoy both a red kind of strawberry and a white kind of strawberry. I'll ③[(ア) strawberries / (イ) to / (ウ) show / (エ) get / (オ) you / (カ) how]. When you find a strawberry, *pinch it with your fingers and *pull it upward. Then you can *pick it easily. You can enjoy red strawberries in Greenhouse Number 1 and white strawberries in Greenhouse Number 2. 【 B 】" Akira said, "Let's go together, Miku. I want to try the red strawberries first."

There were many bright red strawberries in Greenhouse Number 1. When I found a big red strawberry, I also found cute white flowers. I enjoyed looking at the flowers and then picked strawberries. I picked them with my fingers easily, and I ate a lot. Akira said, "【 C 】 The strawberries on this farm are the most delicious strawberries in my life. They are so good. I didn't imagine that." ④I thought the same thing. Many people say fruits they have just got on a farm are delicious and now I understand why they say so.

Next, we went to the greenhouse for white strawberries. When I found a big white strawberry, I saw white flowers again. I found that the color of the flowers and the color of the strawberries were a little different. The color of the strawberries was between yellow and white, and it was like the color of the sun on a sunny winter day. I think ⑤people will understand my idea when they go to a farm and see white strawberries and their flowers. I thought, "If I give the white strawberries here a name, I'll call them 'bright strawberries'." After I enjoyed looking at the flowers and the strawberries, I picked a strawberry. It was delicious. I ate a lot and then I looked at the white strawberries again to draw pictures of them later at home. When I was looking at them, Mr. Mori came to us and asked, "Have you ever eaten a white kind of strawberry?" I said, "No, I ate it for the first time here. 【 D 】" He said, "Well, the first white strawberries were made in Japan. The white kind of strawberry here is not the first kind, but I heard about them from one of my friends. It took about twenty years to make them." "Twenty years! That's so long!" I was surprised. I realized that *developing a new thing sometimes takes a lot of time.

Mr. Mori ⑥(teach) us other interesting things about strawberries when we talked with him. For example, *the indigo plant is used on his farm to get bigger strawberries and to collect more strawberries. *At first, some farmers used some *components in the indigo plant to protect strawberries from *mold. Then, some of the farmers realized that strawberries on their farms *grew well. Now scientists think the indigo plant has components that can help plants grow.

I was glad to learn some interesting things about strawberries, and I had many questions when I came home. "Why are red kinds of strawberries red?" "How many kinds of strawberries are there in Japan?" "What is the name of the strawberries I usually eat at home?" Many questions "grew". Before visiting the farm, I knew the color and the shape of red strawberries but I didn't think of questions like these. I thought the strawberry picking there was something like "the indigo plant" for me. Because of the experience on a spring day, now I think we can learn a lot from things that don't sound [⑦] before trying.

（注） strawberry picking　イチゴ狩り　　farm　農園　　invite ～　～を招く
greenhouse　ビニールハウス　　pinch ～　～をつまむ
pull ～ upward　～を上に向けて引っ張る　　pick ～　～を摘む　　develop ～　～を開発する
the indigo plant　藍（染料がとれる植物）　　at first　はじめは　　component　成分
mold　カビ　　grow　育つ，大きくなる

（1） [①]・[⑦] に入る語の組み合わせとして最も適当なものを，次の（ア）～（エ）から１つ選べ。
……………………………………………………………………答の番号【8】

（ア） ① have to　⑦ fun　　（イ） ① don't have to　⑦ fun
（ウ） ① have to　⑦ strange　　（エ） ① don't have to　⑦ strange

（2） 次の英文を本文中に入れるとすればどこが最も適当か，本文中の【 A 】～【 D 】から１つ選べ。
……………………………………………………………………答の番号【9】

I'm sure you'll enjoy strawberry picking on my farm.

（３） 下線部②(wear)・⑥(teach)を，文意から考えて，それぞれ正しい形にかえて１語で書け。
………答の番号【10】

（４） 下線部③の［　　　］内の（ア）～（カ）を，文意が通じるように正しく並べかえ，記号で書け。
………答の番号【11】

（５） 下線部④が表す内容として最も適当なものを，次の（ア）～（エ）から１つ選べ。 ………答の番号【12】

（ア） 美来が，店で買ったばかりの果物はおいしいということを実感できたということ。
（イ） 美来が，なぜ農園で採ったばかりの果物はおいしいと人々が言うのか疑問に思ったということ。
（ウ） 美来が，森さんの農園のイチゴは想像していたとおり世界で一番おいしいイチゴだと思ったということ。
（エ） 美来が，森さんの農園のイチゴは想像以上においしく，今までで一番おいしいイチゴだと思ったということ。

（６） 次の英文は，下線部⑤について説明したものである。本文の内容から考えて，［ i ］・［ ii ］に入る最も適当なものを，［ i ］は下のⅠ群（ア）～（エ）から，［ ii ］はⅡ群（カ）～（ケ）からそれぞれ１つずつ選べ。 ……………………………………………………………………答の番号【13】

> Miku thought the color of the white strawberries and the color of their flowers were different. She used a word for something［ i ］to tell about the color of the white strawberries. She thinks people will think the same thing［ ii ］they have a chance to visit a farm and see white strawberries and their flowers.

Ⅰ群 （ア） she ate on the farm　　（イ） we can drink
　　 （ウ） she tried on the farm　　（エ） we can see in the sky

Ⅱ群 （カ） if　　（キ） so　　（ク） that　　（ケ） before

（７） 本文の内容に合うように，次の質問（ａ）・（ｂ）に対する適当な答えを，下の〈条件〉にしたがい，それぞれ英語で書け。

（ａ） Was it difficult for Miku to get strawberries with her fingers? ……………答の番号【14】
（ｂ） What was Miku looking at when Mr. Mori talked to her and her brother in Greenhouse Number 2?
………答の番号【15】

〈条件〉 ・(ａ)は３語で書くこと。
　　　　・(ｂ)は７語で書くこと。

（８） 本文の内容と一致する英文として適当なものを，次の（ア）～（オ）から２つ選べ。 …………答の番号【16】

（ア） Akira looked happy when he heard about the strawberry picking but he didn't visit Mr. Mori's farm.
（イ） Miku and Akira visited the greenhouse for white strawberries first because Akira wanted to do so.
（ウ） In Greenhouse Number 2, Miku gave a name to the first kind of red strawberry.
（エ） Miku learned making something that hasn't been in the world before sometimes takes a lot of time.
（オ） Miku felt happy that she learned about strawberries on Mr. Mori's farm.

（９） 次の英文は，このスピーチを聞いた後，中学生の隼《しゅん》（Shun）と留学生のアビー（Abby）が交わしている会話の一部である。これを読んで，下の問い（ａ）～（ｃ）に答えよ。

> Shun: She used the words "the indigo plant" in her own way in the last part of her speech.
> Abby: Let's think about it together.
> Shun: Well, at first farmers used the indigo plant for a different reason and then they found that they could use it to make strawberries［ i ］and to get more strawberries.
> Abby: That's right. So Miku used the words "the indigo plant" for the things that help something grow. In the last part, we should understand that［ ii ］was "the indigo plant" for her.
> Shun: Then, for her, what "grew" with the help of "the indigo plant"?
> Abby: I think［ iii ］"grew" after she visited the farm. She gave us three examples in the last part.

（ａ）［ i ］に入る語として最も適当なものを，次の（ア）～（エ）から１つ選べ。 …………答の番号【17】

（ア） larger　　（イ） cleaner　　（ウ） brighter　　（エ） cuter

（ｂ）［ ii ］に入る最も適当な部分を，本文中から６語で抜き出して書け。 …………答の番号【18】

（ｃ）［ iii ］に入る適当な英語を，本文の内容にそって４語以上７語以内で書け。 …答の番号【19】

【英語(筆記)おわり】

【リスニングの問題について】
放送中にメモをとってもよい。

※教英出版注
音声は，解答集の書籍ＩＤ番号を教英出版ウェブサイトで入力して聴くことができます。

4 それぞれの質問に対する答えとして最も適当なものを，次の（ア）～（エ）から１つずつ選べ。（４点）

（１）（ア） A brown cap and a black bag.
（イ） A blue cap and a black bag.
（ウ） A brown cap and a blue bag.
（エ） A blue cap and a blue bag.
……答の番号【20】

（２）（ア） She went to the library with Meg.
（イ） She went to Ume Park with her sister.
（ウ） She went to her aunt's house with her sister.
（エ） She went to the museum with her aunt.
……答の番号【21】

5 それぞれの質問に対する答えとして最も適当なものを，次の（ア）～（エ）から１つずつ選べ。（４点）

（１）（ア） ０人
（イ） ２人
（ウ） ４人
（エ） ８人
……答の番号【22】

（２）（ア） 外国の人に駅でインタビューする内容を考える。
（イ） 駅で外国の人に自分たちが考えた質問をする。
（ウ） グリーン先生にどちらの駅に行きたいかを伝える。
（エ） グリーン先生に去年の駅での活動の写真を見せる。
……答の番号【23】

6 それぞれの会話のチャイムのところに入る表現として最も適当なものを，下の（ア）～（エ）から１つずつ選べ。（４点）

（例題） A： Hi, I'm Hana.
B： Hi, I'm Jane.
A： Nice to meet you.
B： **〈チャイム音〉**

（ア） I'm Yamada Hana.
（イ） Nice to meet you, too.
（ウ） Hello, Jane.
（エ） Goodbye, everyone.

（解答例）

ア	(イ)	ウ	エ

（１）（ア） I bought them at a shop near my house.
（イ） I'll buy them tomorrow if I like them.
（ウ） I'm not sure, but I bought them about a week ago.
（エ） I'm happy to buy them on your website.
……答の番号【24】

（２）（ア） Thank you. I hope I can get it back soon.
（イ） Thank you. Where did you find it?
（ウ） Thank you. Then I'll go home now to get yours.
（エ） Thank you. You can use mine to go to the station.
……答の番号【25】

【英語（リスニング）おわり】

※教英出版注
音声は，解答集の書籍ＩＤ番号を教英出版ウェブサイトで入力して聴くことができます。

令和４年度　共通学力検査　英語（リスニング）問題４・問題５・問題６ 放送台本

これから，問題**４**・**５**・**６**を放送によって行います。問題用紙を開いて１ページを見なさい。答案用紙を表に向けなさい。

それでは，問題**４**の説明をします。
問題**４**は（**１**）・（**２**）の２つがあります。それぞれ短い会話を放送します。次に，Question と言ってから英語で質問をします。それぞれの質問に対する答えは，問題用紙に書いてあります。最も適当なものを，**（ア）**・**（イ）**・**（ウ）**・**（エ）**から１つずつ選びなさい。会話と質問は２回放送します。

それでは，問題**４**を始めます。

（**１**）　A：　Hi, Emma. What will you buy for Kana's birthday?
　　　B：　Hi, Saki. I found a brown cap and a black bag last week.
　　　A：　Oh, I went shopping yesterday and bought a blue cap for her.
　　　B：　OK, then I will buy only the bag. I hope she will like it.

　　　Question： What will Kana get on her birthday from Saki and Emma?

もう一度放送します。

〈会話・質問〉

（**２**）　A：　I saw you in the morning yesterday, Haruko.
　　　B：　Really? Were you in the library, too, Meg?
　　　A：　No, but I went there in the afternoon. I went to Ume Park and saw you there.
　　　B：　Well, I think you saw my sister. I didn't go there yesterday. In the afternoon, my aunt came to my house and I visited the museum with her.

　　　Question： Where did Haruko go in the afternoon yesterday?

もう一度放送します。

〈会話・質問〉

これで，問題**４**を終わります。

次に，問題**５**の説明をします。
これから，英語クラブの部長が部員に連絡した内容を放送します。つづいて，英語で２つの質問をします。それぞれの質問に対する答えは，問題用紙に日本語で書いてあります。最も適当なものを，**（ア）**・**（イ）**・**（ウ）**・**（エ）**から１つずつ選びなさい。連絡した内容と質問は２回放送します。

それでは，問題**５**を始めます。

President： Hello, everyone. Before we start today's activity, I'll tell you what we are going to do next week. It's Thursday today and next Thursday, we will interview some foreign people in English at Wakaba Station and Midori Station. There are eight members in this club so we will make two groups. The groups are Group A and B and each group has four members. Group A will visit Wakaba Station and Group B will visit Midori Station. However, if it rains, we won't visit Wakaba Station and the two groups will visit Midori Station. So, next Tuesday, let's think

	二					三					
問	(5)	(6)	(7) ㊀	(7) ㊁	(7) ㊂	(1)	(2)	(3)	(4)	(5) ㊀	(5) ㊁
番号	【14】	【15】	【16】	【17】	【18】	【19】	【20】	【21】	【22】	【23】	【24】
解答	Ⅰ ア イ ウ エ　Ⅱ カ キ ク ケ	ア イ ウ エ	15 25	ア イ ウ エ	ア イ ウ エ	ア イ ウ エ	ア イ ウ エ	ア イ ウ エ		4 7	ア イ ウ エ
番号	【14】	【15】	【16】	【17】	【18】	【19】	【20】	【21】	【22】	【23】	【24】
配点	完答 2点	2点	3点	2点	2点	2点	2点	2点	2点	2点	2点

共通学力検査

国　語

受　付　番　号

得　　点

※50点満点

共通学力検査　数学答案用紙

問題番号		答の番号	答の欄	採点欄		
1	(1)	【1】		【1】	2点	
	(2)	【2】		【2】	2点	
	(3)	【3】		【3】	2点	
	(4)	【4】	$x=$ 　　　　, 　　$y=$	【4】	完答 2点	
	(5)	【5】		【5】	2点	
	(6)	【6】		【6】	2点	
	(7)	【7】	$x=$	【7】	完答 2点	
	(8)	【8】	cm^2	【8】	2点	
	(9)	【9】	(　　) → (　　) → (　　)	【9】	完答 2点	
2	(1)	【10】		【10】	2点	
	(2)	【11】		【11】	2点	
3	(1)	【12】	$a=$	【12】	2点	
	(2)	【13】	$y=$	【13】	2点	
	(3)	【14】		【14】	3点	
				【15】		

【解答用

共通学力検査　英語（筆記）答案用紙

問題番号			答の番号	答の欄		採点欄		
1	（1）		【1】			【1】	2点	
	（2）	（a）	【2】			【2】	2点	
		（b）	【3】			【3】	2点	
2	（1）		【4】	ア　イ　ウ　エ		【4】	2点	
	（2）		【5】			【5】	2点	
	（3）		【6】	ア　イ　ウ　エ　オ		【6】	2点	
	（4）		【7】	ア　イ　ウ　エ		【7】	2点	
3	（1）		【8】	ア　イ　ウ　エ		【8】	2点	
	（2）		【9】	A　B　C　D		【9】	2点	
	（3）		【10】	②	⑥	【10】	1点	1点
	（4）		【11】	（　）→（　）→（　）→（　）→（　）→（　）		【11】	完答 2点	
	（5）		【12】	ア　イ　ウ　エ		【12】	2点	
	（6）		【13】	Ⅰ群　ア　イ　ウ　エ	Ⅱ群　カ　キ　ク　ケ	【13】	1点	1点
			【14】			【14】		

【解答用

共通学力検査　英語（リスニング）答案用紙

問題番号		答の番号	答の欄				採点欄		
4	（1）	【20】	ア	イ	ウ	エ	【20】	2点	
	（2）	【21】	ア	イ	ウ	エ	【21】	2点	
5	（1）	【22】	ア	イ	ウ	エ	【22】	2点	
	（2）	【23】	ア	イ	ウ	エ	【23】	2点	
6	（1）	【24】	ア	イ	ウ	エ	【24】	2点	
	（2）	【25】	ア	イ	ウ	エ	【25】	2点	

共通学力検査	受付番号							得点	
英語 （リスニング）									

※筆記と合わせて50点満点

(8)		【16】	ア　イ　ウ　エ　オ	【16】	完答 2点	
(9)	(a)	【17】	ア　イ　ウ　エ	【17】	2点	
	(b)	【18】		【18】	2点	
	(c)	【19】		【19】	2点	

共通学力検査	受付番号						得点		
英語 (筆記)									

※リスニングと合わせて50点満点

4	(1)	【15】				4点
	(2)	【16】	EC：CF＝　　：		【16】	3点
5	(1)	【17】	cm		【17】	2点
	(2)	【18】	cm^2		【18】	2点
	(3)	【19】	cm^3		【19】	3点
6	(1)	【20】	通り		【20】	2点
	(2)	【21】	通り		【21】	2点
	(3)	【22】	最小の値	最大の値	【22】	完答 3点

共通学力検査 数　学	受付番号		得点	

※50点満点

共通学力検査　国語答案用紙

問題番号		答の番号	答の欄	採点欄
一	(1)	【1】	Ⅰ　ア　イ　ウ　エ Ⅱ　カ　キ　ク　ケ	【1】 1点 1点
	(2)	【2】	ア　イ　ウ　エ	【2】 2点
	(3)	【3】	ア　イ　ウ　エ	【3】 2点
	(4)	【4】	e　る f　って	【4】 1点 1点
	(5)	【5】	ア　イ　ウ　エ	【5】 2点
	(6)	【6】	加	【6】 2点
	(7)	【7】	ア　イ　ウ　エ	【7】 2点
	(8) ㊀	【8】		【8】 2点
	(8) ㊁	【9】	B　10　13 によって大きくなり、そのことがものの見方を多様化して C　4　8	【9】 3点
	(1)	【10】	ア　イ　ウ　エ	【10】 2点
	(2)	【11】	Ⅰ　ア　イ　ウ Ⅱ　カ　キ　ク　ケ　コ　サ	【11】 完答2点
	(3)	【12】	ア　イ　ウ　エ	【12】 2点

about the questions we will ask to foreign people. Our English teacher Ms. Green will be with us and help us then. She will show us some pictures of last year's activity and tell us how the activity was. Now, let's decide the groups. Tell me which station you would like to visit.

Question(**1**): How many students in this club will visit Midori Station if it rains next Thursday?

Question(**2**): What will the students in this club do next Tuesday?

もう一度放送します。

〈連絡した内容・質問〉

これで，問題**5**を終わります。

次に，問題**6**の説明をします。
問題**6**は（**1**）・（**2**）の2つがあります。それぞれ短い会話を放送します。それぞれの会話の，最後の応答の部分にあたるところで，次のチャイムを鳴らします。**〈チャイム音〉**このチャイムのところに入る表現は，問題用紙に書いてあります。最も適当なものを，**（ア）**・**（イ）**・**（ウ）**・**（エ）**から1つずつ選びなさい。

問題用紙の例題を見なさい。例題をやってみましょう。

（例題） A： Hi, I'm Hana.
B： Hi, I'm Jane.
A： Nice to meet you.
B： **〈チャイム音〉**

正しい答えは**（イ）**の Nice to meet you, too. となります。ただし，これから行う問題の会話の部分は印刷されていません。

それでは，問題**6**を始めます。会話は2回放送します。

（**1**） A： Thank you for calling us. What can I do for you?
B： I bought some books on your website but they have not arrived yet.
A： Do you remember when you bought them?
B： **〈チャイム音〉**

もう一度放送します。

〈会話〉

（**2**） A： Good morning, Judy. Oh, are you OK?
B： Oh, Rika. I left my key on the train just now.
A： Don't worry. I'll tell the station staff about your key.
B： **〈チャイム音〉**

もう一度放送します。

〈会話〉

これで，問題**6**を終わります。

このページに問題は印刷されていません

前期選抜学力検査

共通学力検査　**英　　語**

問題４・問題５・問題６
（リスニング）

1 次の問い（1）・（2）に答えよ。（6点）

（1） 次の絵の中の①～④の順に会話が成り立つように，［　　　　］に入る適切な英語を，**4語**で書け。
……………………………………………………………………………………………答の番号【1】

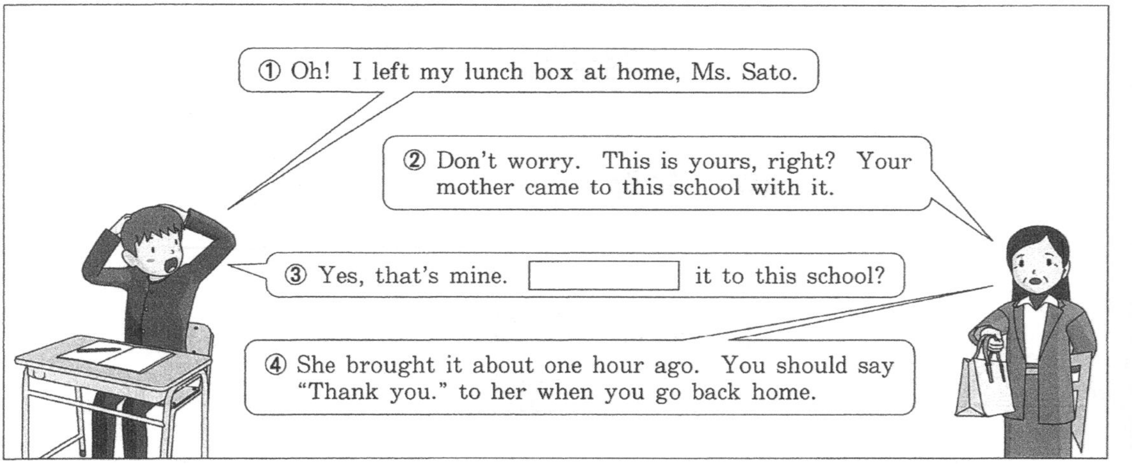

① Oh! I left my lunch box at home, Ms. Sato.
② Don't worry. This is yours, right? Your mother came to this school with it.
③ Yes, that's mine. ［　　　　］ it to this school?
④ She brought it about one hour ago. You should say "Thank you." to her when you go back home.

（2） 次の絵は，直己（Naoki）が友人のフィリックス（Felix）と下の会話をしている一場面を表している。この絵をもとに，下の問い（a）・（b）に答えよ。

Felix : Hello.
Naoki: Hello. This is Naoki. ［　①　］ Felix, please?
Felix : Yes, it's me. What's up?
Naoki: Hi, Felix. Have you finished the English homework? I am doing it now. It is difficult for me and I have some questions to ask you.
Felix : Sure. But I'm busy now because I have to ［　②　］. For example, I have to give it food and walk it in the park. My parents will be back at four, so you can come to my house at four thirty.
Naoki: OK, I'll visit you then. Thank you, see you later.

（a） 会話が成り立つように，［　①　］に入る適切な英語を，**4語**で書け。
……………………………………………………………………………………………答の番号【2】

（b） 会話が成り立つように，［　②　］に入る適切な英語を，**4語または5語**で書け。
……………………………………………………………………………………………答の番号【3】

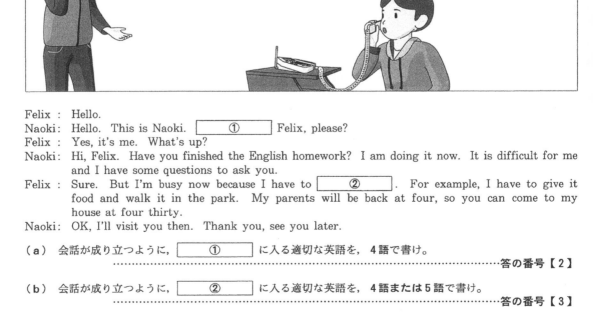

前期選抜学力検査

共通学力検査　**英　語**

問題１・問題２・問題３
（筆記）

令和４年度　京都府公立高等学校入学者選抜

前期選抜学力検査

共通学力検査　英　　語

（50分）

解答上の注意

1　「始め」の指示があるまで，問題を見てはいけません。
2　**問題１・２・３（筆記）**は，この冊子の中の**１～４ページ**にあります。
3　**問題４・５・６（リスニング）**は，**問題１・２・３の終了後**に配布されます。
4　答案用紙には，**受付番号**を記入しなさい。氏名を書いてはいけません。
5　答案用紙の**答の欄**に答えを記入しなさい。採点欄に記入してはいけません。
6　答えを記入するときは，それぞれの問題に示してある**【答の番号】**と，答案用紙の**【答の番号】**とが一致するように注意しなさい。
7　答えを記号で選ぶときは，答案用紙の**答の欄**の当てはまる記号を○で囲みなさい。答えを訂正するときは，もとの○をきれいに消すか，それに╳をつけなさい。
8　答えを記述するときは，丁寧に書きなさい。
9　**英語で書くときは，大文字，小文字に注意しなさい。筆記体で書いてもよろしい。**
10　**語数制限がある場合は，短縮形（I'm など）と数字（100 や 2022 など）は１語として数え，符号（ , ／ . ／ ? ／ ! ／ “ ” など）は語数に含めないものとします。**
11　答えの書き方について，次の**解答例**を見て間違いのないようにしなさい。

解 答 例

1　次の質問に対する適当な答えを，**３語**の英語で書け。
………………………………**答の番号【１】**

Are there seven days in a week?

2　次の問い（１）・（２）に答えよ。

（１）　北と反対の方角として最も適当なものを，次の（ア）～（ウ）から１つ選べ。　…**答の番号【２】**
（ア）　東　　（イ）　西　　（ウ）　南

（２）　次の［　　］内の（ア）～（ウ）を，文意が通じるように正しく並べかえ，**記号**で書け。
………………………………**答の番号【３】**

My ［（ア） name / （イ） Taro / （ウ） is］.

問題番号		答の番号	答　の　欄	採点欄
1		【１】	Yes, there are.	【１】
2	（１）	【２】	ア　イ　(ウ)	【２】
	（２）	【３】	(ア)→(ウ)→(イ)	【３】

共通学力検査 英語（筆記）	受付番号	1	2	3	4	5	6	得点

2　右の図のように，１，３の数が書かれた黒玉と，１，３，５の数が書かれた白玉がそれぞれ１個ずつ，合計５個の玉が入っている袋がある。

このとき，次の問い（**1**）・（**2**）に答えよ。ただし，袋に入っているどの玉が取り出されることも同様に確からしいものとする。（４点）

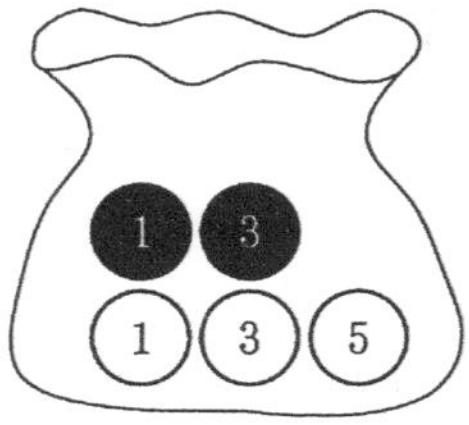

（**1**）　５個の玉が入っている袋から玉を１個取り出し，取り出した玉に書かれている数を調べてから袋にもどす。次に，もう一度この袋から玉を１個取り出し，取り出した玉に書かれている数を調べる。このとき，はじめに取り出した玉に書かれている数と，次に取り出した玉に書かれている数が等しくなる確率を求めよ。

……………………………………………**答の番号【10】**

（**2**）　５個の玉が入っている袋から玉を同時に２個取り出し，取り出した２個の玉のうち，白玉の個数を a 個とする。また，取り出した２個の玉に書かれている数の和を b とする。このとき，$4a = b$ となる確率を求めよ。

……………………………………………**答の番号【11】**

3　右の図のように，関数 $y = ax^2$ のグラフ上に２点Ａ，Ｂがあり，点Ａの座標は（-3, 2），点Ｂの x 座標は６である。また，２点Ａ，Ｂを通る直線と y 軸との交点をＣとする。

このとき，次の問い（**1**）～（**3**）に答えよ。（７点）

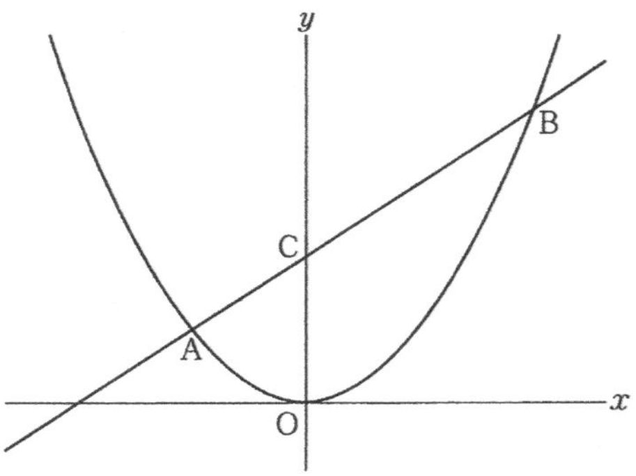

（**1**）　a の値を求めよ。　……………………………**答の番号【12】**

（**2**）　直線ＡＢの式を求めよ。　………………**答の番号【13】**

（**3**）　x 軸上に点Ｄを，線分ＢＤと線分ＣＤの長さの和が最も小さくなるようにとるとき，△ＢＣＤの面積を求めよ。

……………………………………………**答の番号【14】**

1 次の問い（1）～（9）に答えよ。(18 点)

（1） $(-5)^2-2^3\div 4$ を計算せよ。 ……………………………………答の番号【1】

（2） $\frac{3}{2}ab\div\frac{1}{6}ab^2\times(-a^2b)$ を計算せよ。 ……………………………………答の番号【2】

（3） $\sqrt{6}\times\sqrt{18}-\frac{9}{\sqrt{27}}$ を計算せよ。 ……………………………………答の番号【3】

（4） 次の連立方程式を解け。 ……………………………………答の番号【4】

$$\begin{cases} 3x-(y+8)=12 \\ x-2y=0 \end{cases}$$

（5） 1次関数 $y=-\frac{7}{3}x+5$ について，x の増加量が 6 のときの y の増加量を求めよ。 ……答の番号【5】

（6） $(x-y)^2-49$ を因数分解せよ。 ……………………………………答の番号【6】

（7） 2次方程式 $4x^2-4x-1=0$ を解け。 ……………………………………答の番号【7】

（8） 底面の半径が 3 cm，母線の長さが 5 cm である円錐《すい》を 2 つ用意し，2 つの円錐の底面をぴったり重ねると，右の図のような立体ができた。このとき，できた立体の表面積を求めよ。 ……………答の番号【8】

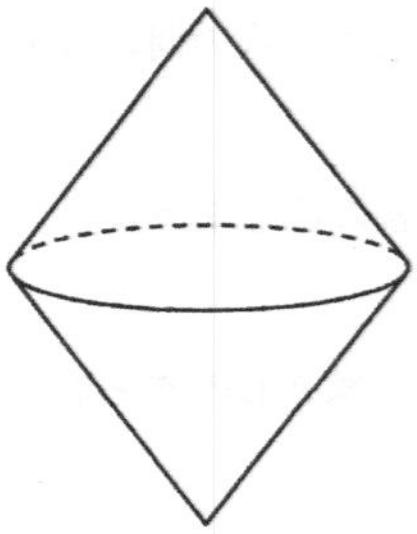

（9） 右の表は，あるサッカーチームが 1 年間に行ったそれぞれの試合の得点を調べ，その結果を度数分布表に整理したものである。このとき，次の（ア）～（ウ）を，値の小さいものから順に並べかえ，**記号**で書け。

……………………………………………答の番号【9】

（ア） 得点の平均値　　（イ） 得点の中央値　　（ウ） 得点の最頻値

得点（点）	度数（試合）
0	14
1	13
2	12
3	2
4	1
計	42

【裏へつづく】

このページに問題は印刷されていません

令和４年度　京都府公立高等学校入学者選抜

前期選抜学力検査

共通学力検査　　数　　学

（50分）

解答上の注意

1　「始め」の指示があるまで，問題を見てはいけません。
2　問題は，この冊子の中の**１～４ページ**にあります。
3　答案用紙には，**受付番号**を記入しなさい。氏名を書いてはいけません。
4　答案用紙の**答の欄**に答えを記入しなさい。採点欄に記入してはいけません。
5　答えを記入するときは，それぞれの問題に示してある**【答の番号】**と，答案用紙の**【答の番号】**とが一致するように注意しなさい。
6　答えを記号で選ぶときは，答案用紙の**答の欄**の当てはまる記号を○で囲みなさい。答えを訂正するときは，もとの○をきれいに消すか，それに╳をつけなさい。
7　答えを記述するときは，丁寧に書きなさい。
8　**円周率はπとしなさい。**
9　**答えの分数が約分できるときは，約分しなさい。**
10　**答えが$\sqrt{\quad}$を含む数になるときは，$\sqrt{\quad}$の中の数を最も小さい正の整数にしなさい。**
11　**答えの分母が$\sqrt{\quad}$を含む数になるときは，分母を有理化しなさい。**
12　答えの書き方について，次の**解答例**を見て間違いのないようにしなさい。

解答例

1　次の計算をせよ。　……………………**答の番号【1】**
$1+2+3$

2　１辺が３cmの正方形の周の長さを求めよ。
……………………**答の番号【2】**

3　次の問い（1）・（2）に答えよ。

（1）　１けたの正の整数のうち，３の倍数を求めよ。
……………………**答の番号【3】**

（2）　次の（ア）～（ウ）を，値の小さいものから順に並べかえ，記号で書け。　………**答の番号【4】**
（ア）　1　　（イ）　2　　（ウ）　0

問題番号		答の番号	答の欄	採点欄
1		【1】	6	【1】
2		【2】	12　cm	【2】
3	（1）	【3】	3, 6, 9	【3】
	（2）	【4】	（ウ）→（ア）→（イ）	【4】

共通学力検査	受付番号						得点	
数学		1	2	3	4	5	6	

注

＊エルンスト・マッハ…オーストリアの哲学者。
＊仔細…くわしく細かなこと。
＊自己の内面のビジョン…自己の心の中に思い描くもの。
＊慮る…深く考える。
＊プロタゴラス…古代ギリシャの哲学者。本文の「人間は万物の尺度である」はプロタゴラスの考えを表す言葉。
＊相対主義…哲学で、真理・規範・価値などが、唯一絶対であることを否定して、すべて個人や社会と相対的なものであると考える立場。
＊脆弱さ…もろくて弱い性質。
＊ソクラテス…古代ギリシャの哲学者。
＊テアイテトス…古代ギリシャの数学者。
＊外郭…周囲のかこい。

（1） 本文中の [a]この「自画像」には、意表を突かれます と筆者が述べる理由を説明したものとして最も適当なものを、次の（ア）～（エ）から一つ選べ。……………………答の番号【10】

（ア） マッハの「自画像」は、慣れ親しんだ自画像に疑問を持つことが少ない私たちに、客観的視点から見た自己の不明瞭さを問いかけてくるから。
（イ） マッハの「自画像」は、主観的な世界の境界を意識することが少ない私たちに、主観的な世界の境界を誤りなく理解させるから。
（ウ） マッハの「自画像」は、客観的視点による自画像に慣れた私たちに、身体と意識の間にある感覚を忘れているという事実を思い出させるから。
（エ） マッハの「自画像」は、客観的視点による自画像を見る機会が多い私たちに、主観的な世界の境界に普段は気づいていないことを認識させるから。

（2） 本文中の [b]閉じる の活用の種類として最も適当なものを、次のⅠ群（ア）～（ウ）から一つ選べ。また、[b]閉じる と同じ活用の種類である動詞を、後のⅡ群（カ）～（サ）から**すべて**選べ。……………………答の番号【11】

Ⅰ群 （ア） 五段活用　（イ） 上一段活用　（ウ） 下一段活用

Ⅱ群 （カ） 遊ぶ　（キ） 得る　（ク） 浴びる　（ケ） 察する　（コ） 飽きる　（サ） 切る

（3） 本文中の [c]世界との距離感を獲得していきます について説明したものとして最も適当なものを、次の（ア）～（エ）から一つ選べ。……………………答の番号【12】

（ア） 手に取ることができなくても、対象の大小や様相、対象との隔たりなどを身体のセンサーを使って知覚していくこと。
（イ） 手に入れることができなくても、対象の規模や種類、対象との相性などを身体に備わった感覚を動員して把握していくこと。
（ウ） 直接触れることができなくても、対象の長短や気配、対象との遠近などを五感を働かせて体系的に整えていくこと。
（エ） 手で触れることができなくても、対象の大きさや形態、対象との間隔などを身体を用いて周囲に知らせていくこと。

（4） 本文中の [d]そうです と同じ意味・用法で そうです が用いられているものを、次の（ア）～（エ）から一つ選べ。……………………答の番号【13】

（ア） 美術部の作品展の来場者数は、予想を大きく上回ったそうです。
（イ） 母親に抱かれている赤ん坊は、今にも眠ってしまいそうです。
（ウ） 彼は手芸が得意だそうですが、私は手芸に苦手意識があります。
（エ） 明日は急激に冷え込むそうですが、対策はしましたか。

（5） 本文中の □ には、□ の前に述べられていることと、後に述べられていることとの間で、どのような働きをする語が入るか。最も適当なものを、次のⅠ群（ア）～（エ）から一つ選べ。また、本文中の □ に入る語として最も適当なものを、後のⅡ群（カ）～（ケ）から一つ選べ。……………………答の番号【14】

Ⅰ群
（ア） 前に述べられていることが、後に述べられていることの理由であることを表す働き。
（イ） 後に述べられていることが、前に述べられていることとは逆の内容であることを表す働き。
（ウ） 後に述べられていることが、前に述べられていることの説明や補足であることを表す働き。
（エ） 後に述べられていることが、前に述べられていることとは別の話題であることを表す働き。

Ⅱ群 （カ） ところで　（キ） だから　（ク） しかし　（ケ） なぜなら

【裏へつづく】

（6） 本文の段落構成を説明した文として最も適当なものを、次の（ア）～（エ）から一つ選べ。……答の番号【15】

（ア） [1]～[3]段落は話題を提示する序論であり、[4]～[9]段落では具体例を提示しながら考察を述べ、[10]段落で主張を述べるという構成になっている。

（イ） [1]～[3]段落は序論であり、[4]～[9]段落では筆者の主張と一般論とを比較し、[10]段落で筆者の主張をまとめるという構成になっている。

（ウ） [1]～[3]段落で主張を提示し、[4]～[9]段落で主張を補強する根拠となる具体例を述べ、[10]段落で読者に疑問を投げかけるという構成になっている。

（エ） [1]～[3]段落は主張を含む序論であり、[4]～[9]段落で経験に基づいた具体例を示し、[10]段落で改めて主張を確認するという構成になっている。

（7） 真希さんと剛さんのクラスでは本文を学習した後、本文の内容を要約することになった。次の会話文は、真希さんと剛さんが話し合ったものの一部である。これを読み、下段の問い㊀～㊂に答えよ。

真希 私たちはいろいろなものを測りながら生きているんだね。[10]段落で、「人間は万物の尺度である」という考え方には「人々の判断が麻痺する危険すらあるかもしれません」と述べられていたけれど、どうしてだったかな。

剛 本文全体を通して見ると、この考え方を用いると、異なる感覚を持つ私たち一人一人の [A] はっきりしなくなるからだと読み取れるよ。

真希 なるほど。だから私たちは、複数の「測定する機械」が取り巻く社会の中で「数値を交換して」生活しているんだね。

剛 そうだね。むしろ「人間は万物の尺度である」という考え方には、「人間」と「万物」をどこまで適用させて深く考えるかが必要だと述べられていたけれど、それは [B] からだと解釈できるね。

真希 そうだね。本文をよく理解できたし、要約してみようか。

㊀ 会話文中の [A] に入る適当な表現を、本文の内容を踏まえ、**何によって何が**はっきりしなくなるのかを明らかにして**十五字以上、二十五字以内**で書け。……答の番号【16】

下書き用

㊁ 会話文中の [B] に入る最も適当な表現を、次の（ア）～（エ）から一つ選べ。……答の番号【17】

（ア） よく見知った一部の人間が「我々」であるという認識が、その認識の外の世界との関係をゆがめており、「人間」という認識を拡大していくとき、社交性が身につき、「万物」の認識も広がる

（イ） 同じ文化を共有する人間が「我々」であるという認識が、その認識の外の世界との関係を閉ざしており、「人間」という枠組みを広げていくとき、「我々」を結びつける力が高まり、「万物」の理解にも変化が生じる

（ウ） 人間という生命体が「我々」であるという認識が、その認識の外の世界との関係に格差をつけており、「人間」という概念を捉え直すとき、相互理解が深まり、「万物」の枠組みも広がる

（エ） 普段から慣れ親しんだ人間が「我々」であるという認識が、その認識の外の世界との関係を定めており、「人間」という定義を再度思考するとき、価値観に変化が生まれ、「万物」の捉え方も変化する

㊂ 説明文を要約するときの一般的な注意点として**適当でないもの**を、次の（ア）～（エ）から一つ選べ。……答の番号【18】

（ア） 文章全体を見通したうえで、結論に着目する。

（イ） 目的や分量に応じて、必要な内容を選択する。

（ウ） 正確にまとめるために、例や補足的な内容は余さず書く。

（エ） 短くまとめる場合は、表現を削ったり別の言葉で言い換えたりする。

三　次の文章は、「十訓抄」の一節である。**注**を参考にしてこれを読み、問い（１）～（５）に答えよ。（12点）

*召伯《せうはく》が政《まつりごと》のやはらかなりし、州民*甘棠《かんたう》の詠をなし、*羊祜《やうこ》があはれみのひろかりし、*門客峴亭《けんてい》の碑を立てけり。なきあとまでも、a情《なさけ》に過ぎたる忘れがたみぞなかりける。

おほかた、*うちあらむ人も情を先とすべし。人、我を悪《あ》しくすとも、我、情をほどこさば、人かへりてしたがふ。「仇《あだ》をば［　　］をもて報ずべし」といへり。*廉頗《れんぱ》が*棘《おどろ》を負ひしためしは、人の心によりて、今の世にもありぬべし。bよそに思ふべからず。なんぞ、ただ*藺相如《りんしやうじよ》のみにかぎらむや。

*みどり子は、親といふcいふゆゑを知らねども、*情をむつましくしてしたがふ。*六畜は主といふことをわきまへねども、あはれみを知りて*むつる。いはむや、心ある*人倫をや。

（「新編日本古典文学全集」による）

注

*召伯…周の政治家。
*甘棠の詠…ヤマナシの木の詩を作ってうたうこと。ヤマナシは召伯にゆかりがある。
*羊祜…晋《しん》の政治家。
*門客峴亭の碑を…弟子たちが羊祜ゆかりの峴亭という山に石碑を。
*うちあらむ人…普通の人。
*廉頗…中国の戦国時代の武将。
*棘を負ひし…謝罪するために、とげのある植物を自ら背負った。
*藺相如…中国の戦国時代の優れた家臣。ここでは廉頗が謝罪した相手。
*みどり子…幼児。
*情をむつましくして…優しく愛情を注ぐことで。
*六畜…六種の家畜。
*むつる…なじんで親しくする。
*人倫…人間。

（１）本文中の a情に過ぎたる忘れがたみぞなかりける の解釈として最も適当なものを、次の（ア）～（エ）から一つ選べ。……答の番号【19】

（ア）情けはその人を最も思い出させるものだ
（イ）人が情けを尽くすのは人に忘れられないためだ
（ウ）情けを尽くし過ぎるのはその人のためにはならない
（エ）その人の情けは過去のものとして忘れられてしまった

（２）本文中の［　　］に入る語として最も適当なものを、次の（ア）～（エ）から一つ選べ。……答の番号【20】

（ア）縁　（イ）恩　（ウ）仇　（エ）罪

（３）本文中の bよそに思ふべからず の解釈として最も適当なものを、次の（ア）～（エ）から一つ選べ。……答の番号【21】

（ア）他人だと思われてはいけない
（イ）他人の意見を気にしてはいけない
（ウ）他人を傷つけてはいけない
（エ）他人のことだと考えてはいけない

（４）本文中の cいふゆゑを は歴史的仮名遣いで書かれている。これをすべて**現代仮名遣い**に直して、**平仮名**で書け。……答の番号【22】

（５）次の会話文は、かおるさんと健さんが本文を学習した後、本文について話し合ったものの一部である。これを読み、後の問い㈠・㈡に答えよ。

かおる　本文では、様々な例を用いて情けについて述べられているね。一つ目の段落と二つ目の段落から、どのようなことが分かるんだったかな。

健　一つ目の段落と二つ目の段落をあわせて考えると、情け深い行いを第一にするべきだということは、時代や場所だけでなく、行う人の［A］ことであり、大切なことであると読み取れるよ。

かおる　そうだね。また、三つ目の段落では、「みどり子」や「六畜」を引き合いに出して、思慮分別のある人間なら［B］はずだということを伝えているね。

㈠　会話文中の［A］に入る適当な表現を、本文の内容を踏まえて、**四字以上、七字以内**で書け。……答の番号【23】

下書き用

㈡　会話文中の［B］に入る最も適当な表現を、次の（ア）～（エ）から一つ選べ。……答の番号【24】

（ア）情けを尽くしても無理には応答を求めない
（イ）情けを尽くした相手が自分に感謝しているか見抜く
（ウ）自分が情けを尽くされたことを理解して行動する
（エ）自分が情けを尽くされたことがなくても気に留めない

【国語おわり】

K 教英出版